消耗殆尽的人
爱伦·坡画传

〔西〕霍尔迪·谢拉·伊·法布拉 著
〔西〕阿尔韦托·巴斯克斯 绘
李蕴颖 译

湖南文艺出版社·长沙

图书在版编目（CIP）数据

消耗殆尽的人：爱伦·坡画传 /（西）霍尔迪·谢拉·伊·法布拉著；（西）阿尔韦托·巴斯克斯绘；李蕴颖译. -- 长沙：湖南文艺出版社，2025. 7. -- ISBN 978-7-5726-2332-5

Ⅰ. K837.125.6-64

中国国家版本馆CIP数据核字第2025AD6501号

© 2009, text: Jordi Sierra i Fabra
© 2009, illustrations: Alberto Vázquez
© 2009, original project: Alejandro García Schnetzer
Poe was originally published in Spanish by Libros del Zorro Rojo, 2009.

著作权合同图字：18-2024-083

方外
utopia

消耗殆尽的人：爱伦·坡画传
XIAOHAO DAIJIN DE REN: AILUN PO HUAZHUAN

著 者：	〔西〕霍尔迪·谢拉·伊·法布拉	绘 者：	〔西〕阿尔韦托·巴斯克斯
译 者：	李蕴颖	出 版 人：	陈新文
责任编辑：	陈志宏	责任校对：	舒 专
封面设计：	Mitaliaume	内文排版：	玉书美书
印 刷：	湖南省众鑫印务有限公司	开 本：	787mm×1092mm 1/16
印 张：	8.5	字 数：	120千字
版 次：	2025年7月第1版	印 次：	2025年7月第1次印刷
书 号：	ISBN 978-7-5726-2332-5	定 价：	68.00元

出版发行：湖南文艺出版社（长沙市雨花区东二环一段508号 邮编：410014）

（如有印装质量问题，请直接与本社出版科联系调换）

献给何塞·路易斯·科尔特斯，
2004年9月的一天，
他帮助我把一个梦想变为了现实。

霍尔迪·谢拉·伊·法布拉

目 录

第一部分

一、童年时期　　005

二、少年时期　　017

三、青年时期　　025

第二部分

四、里士满　　043

五、费　城　　053

六、茜　茜　　070

第三部分

七、华盛顿　　089

八、纽　约　　098

九、爱　情　　111

尾声

十、巴尔的摩　　127

后　记　　129

埃德加·爱伦·坡

Edgar Allan Poe

19世纪美国作家、诗人，被誉为推理小说鼻祖、科幻小说先驱和恐怖小说大师，作品包括《乌鸦》《黑猫》《厄舍府之倒塌》等。1809年生于马萨诸塞州波士顿，自幼父母双亡，终生为贫穷所困，人生经历曲折离奇。1849年逝于马里兰州巴尔的摩。

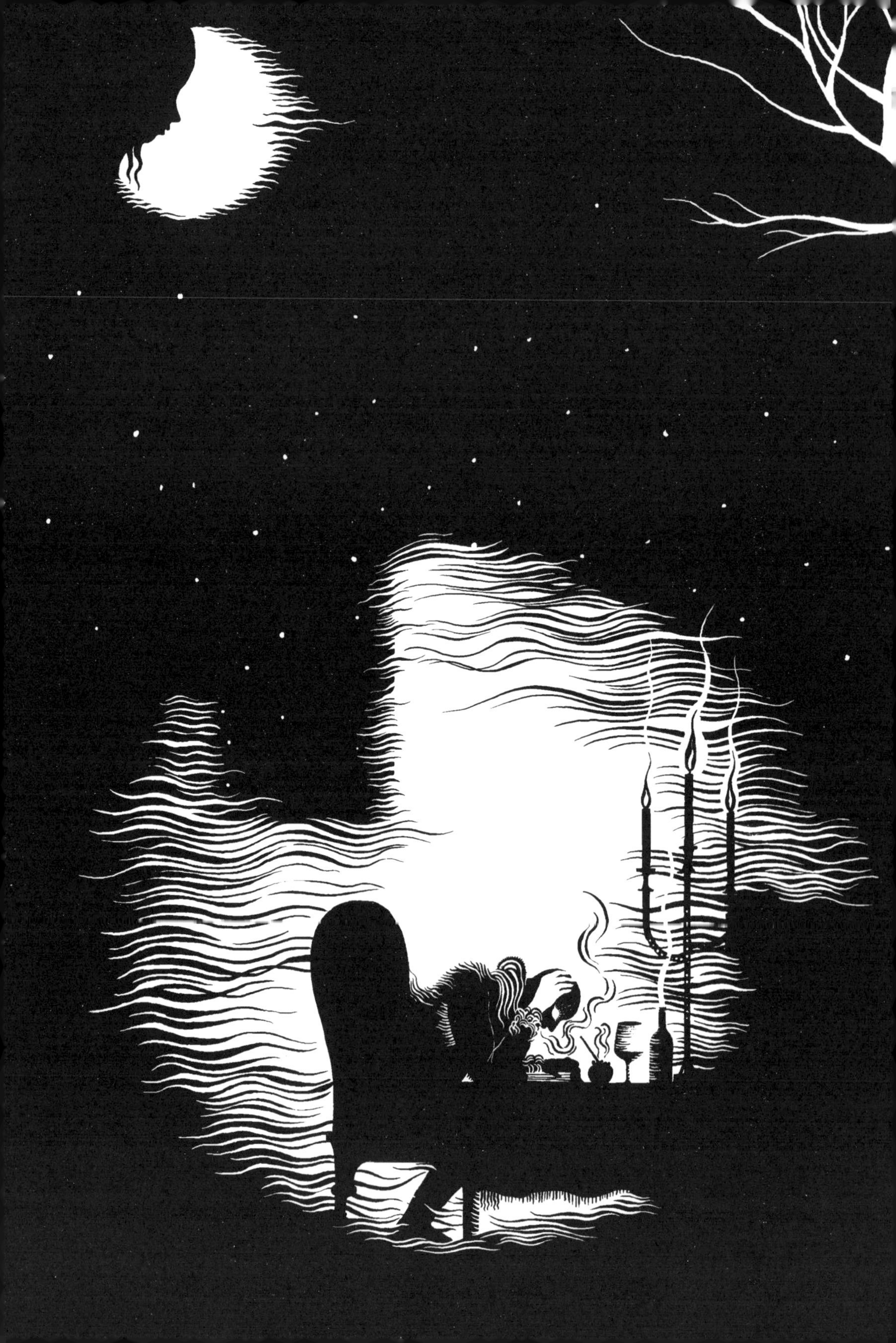

第一部分

从前一个阴郁的子夜,我独自沉思,慵懒疲竭,
面对许多古怪而离奇、并早已被人遗忘的书卷;
当我开始打盹,几乎入睡,突然传来一阵轻擂,
仿佛有人在轻轻叩击——轻轻叩击我房间的门环。
"有客来也,"我轻声嘟囔,"正在叩击我的门环,
　　唯此而已,别无他般。"

——《乌鸦》第一节[1]

---

[1] 本书中爱伦·坡的诗歌、小说片段译文均采用曹明伦译本。

一
童年时期

1811年11月25日

流浪艺术家总是穷困潦倒。

流浪艺术家总是独一无二、与众不同，却也团结一致。

啊，艺术家……

对清教徒而言，艺术家们生活不正派、狂野不羁、作风放荡，但是作为他们的娱乐不可或缺。艺术家们是一扇感官世界的窗口，却又知道自己被舞台的影响毒害，被贫穷折磨，在声名狼藉、报酬微薄的生涯中被一轮又一轮巡回表演摧毁。

刚刚到来的19世纪没有改变任何事。成为艺术家仍然意味着以自己的生命为代价，追求自由的危险芬芳。他们每天晚上有两个小时被一种激情支配，这种激情缓解了余下的二十二个小时里的厌烦和贫穷，前提是在这两个小时里有观众和掌声。

艺术家。艺术家。艺术家。

两位夫人凝神看着小剧院的演出海报，上面写着谦卑的宣传语。人们经过时会看这些海报。或者不会看。天气太冷了，人们不会停下脚步。在海报后面，膳宿公寓显得更加阴暗。那是一个老鼠窝。老鼠们每晚都会披上戏服，摆出微笑，完成他们娱乐大众的使命。

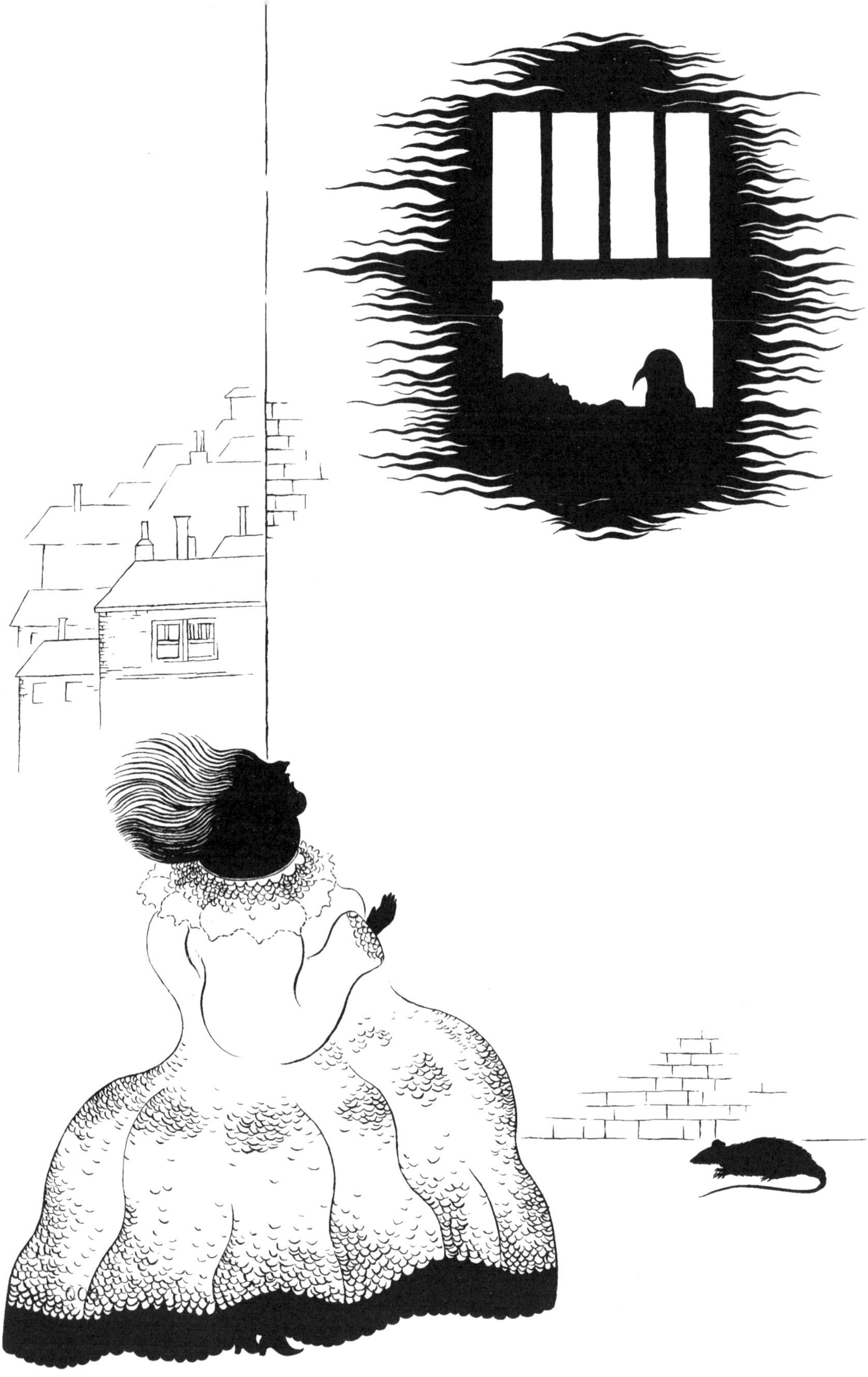

两位夫人脸上露出惊愕的神情。

"她今晚不演出，对吗？"

"也许她想演出，哪怕得爬到台上。"

"她眼下的情况，做不到的！她就快死了！"

"她还很年轻，才二十四岁……"

"可她的肺已经毁掉了！"

爱伦夫人看着麦肯齐夫人。她似乎不知道说什么好。

"那两个孩子会怎么样呢？"

"仍然没有消息说他们的父亲还活着吗？"

"不会有了。大概永远也不会有他的消息了。他离开已经一年多了。"

悲伤的感觉笼罩了她们。她们——里士满上流社会的夫人——对伊丽莎白·阿诺德感到万分怜悯，年轻的她是剧团的明珠，那么美丽，那么脆弱，那么独特。

在第一任丈夫去世后，贝蒂[1]几乎立刻就嫁给了大卫·坡，他是一名二流演员，由于他偏爱流动剧团而非体面的生活，他的家庭将他拒之门外。两人的长子名叫威廉，次子名叫埃德加，还有一个小女儿名叫罗莎莉。

这晚的演出体现了剧团同伴的团结精神，是一场慈善义演。报纸上登出了这条消息，呼吁广大观众前来观看。

这天晚上没有下雨，但前些天一直在下大雨，疟疾在人群中造成了很大危害。

这是一个最不适宜上演奇迹的夜晚。

"天啊！"麦肯齐夫人叹息道。

"是啊，你知道。"爱伦夫人说，"这个可怜的女人有三个孩子，而别的女人……"

---

[1] 伊丽莎白的昵称。

"你喜欢小埃德加，对吗？"麦肯齐夫人说着，将一只手放在她的女友手上。

弗朗西丝·爱伦温柔地笑了笑。当人们自己没有孩子的时候，所有的孩子看上去都很可爱。但那个天使般的男孩……

"我们去探望贝蒂吧。"麦肯齐夫人提议道，"也许我们可以帮助她，让她得到安慰。"

1811年12月10日

弗朗西丝·爱伦试着不去吸入那有毒的潮湿空气，那是极度的贫困所特有的气息。她举起一只手捂住嘴，闭上双眼，准备忍受不可避免的情况。房间里非常冷。不知道炉火上一次温暖这个房间是在什么时候。而且现在，为了通风透气，驱走前一天夜里去世的死者的幽灵，窗户一直开着。窗外，熏黑的砖头砌成的膳宿公寓屋顶上，可以看见一片铅灰色的天空，因为清晨的昏暗显得黯淡，预示着还会再下雨。

伊丽莎白·阿诺德的尸体已在天亮时被抬走。

余下的唯有空虚。

床垫也被搬走了，也许是被拿去清洗，不太可能被拿去焚烧。埃德加坐在床上，非常安静，小小的身体刚刚从木质的床板上探出来，罗莎莉则在一个简易摇篮里，激动不安。

男孩沉默地观察着两位夫人。他有一头鬈发，目光深邃。

"你决定了吗？"麦肯齐夫人问。

"你呢？"

"我和我丈夫商量过了。没有问题。而且，你更喜欢这个男孩，我更喜欢那个女孩。她会成为上天的赐福，成为我儿子的妹妹。"

弗朗西丝·爱伦在男孩面前跪下。

"你好啊，你还记得我吗？"

埃德加点头表示记得，没有张嘴回答。

"我想带你回我家，你愿意吗？"她没有等他回答，又接着补充道，"你会有一个自己的房间，会有一个爸爸。我会成为你的新妈妈。"

埃德加向床上看去。

贝蒂沉静的影像如同一副令人不安的重担，仍旧存在于他的记忆中。

"她已经不在了，埃德加。"弗朗西丝·爱伦用无比温柔的声音说道，"她一定也希望你跟我在一起。你再也不用忍受饥饿和寒冷。罗莎莉也不会，她会跟麦肯齐夫人走。只要你们想，随时都可以见面。"

三个孤儿中年纪最大的威廉很久以前就和贝蒂的公公婆婆一起生活了。

男孩仍然安静着，沉默着。

"我们应该尽早离开这个地方。"麦肯齐夫人说。

"等等。"

弗朗西丝·爱伦站起身，打量着这个房间。她不想碰屋里的衣物。她不想碰任何无用的东西。她寻找着一样纪念品，以便某天把它交给她的新儿子。她拿起贝蒂的肖像，画中的贝蒂含着笑意，年轻美丽，然后又拿了一幅波士顿港口的画。还有一件东西是一只空首饰匣。

"为罗莎莉保管好这个。"她说着，将首饰匣递给她的女友。

她们带走了两个孩子。一个怀里抱着小女孩。另一个手上牵着埃德加。尽管有人因偏见而提出反对，贝蒂还是会被埋葬在老圣约翰教堂的公墓，在一片神圣庄严的土地里。那些百年老树将在她死后的永生中与她相伴。

这一幕已经结束了。

"我们走吧。"麦肯齐夫人第一个走出这间简陋屋子的房门。

她们离开了艺术家和旅行者的膳宿公寓，离开了过往与贫穷，引导她们的新儿女去追寻一个更加美好的世界，一个充满希望的未来。

1815 年

有人喊道："大家把他抱到桌子上吧！"

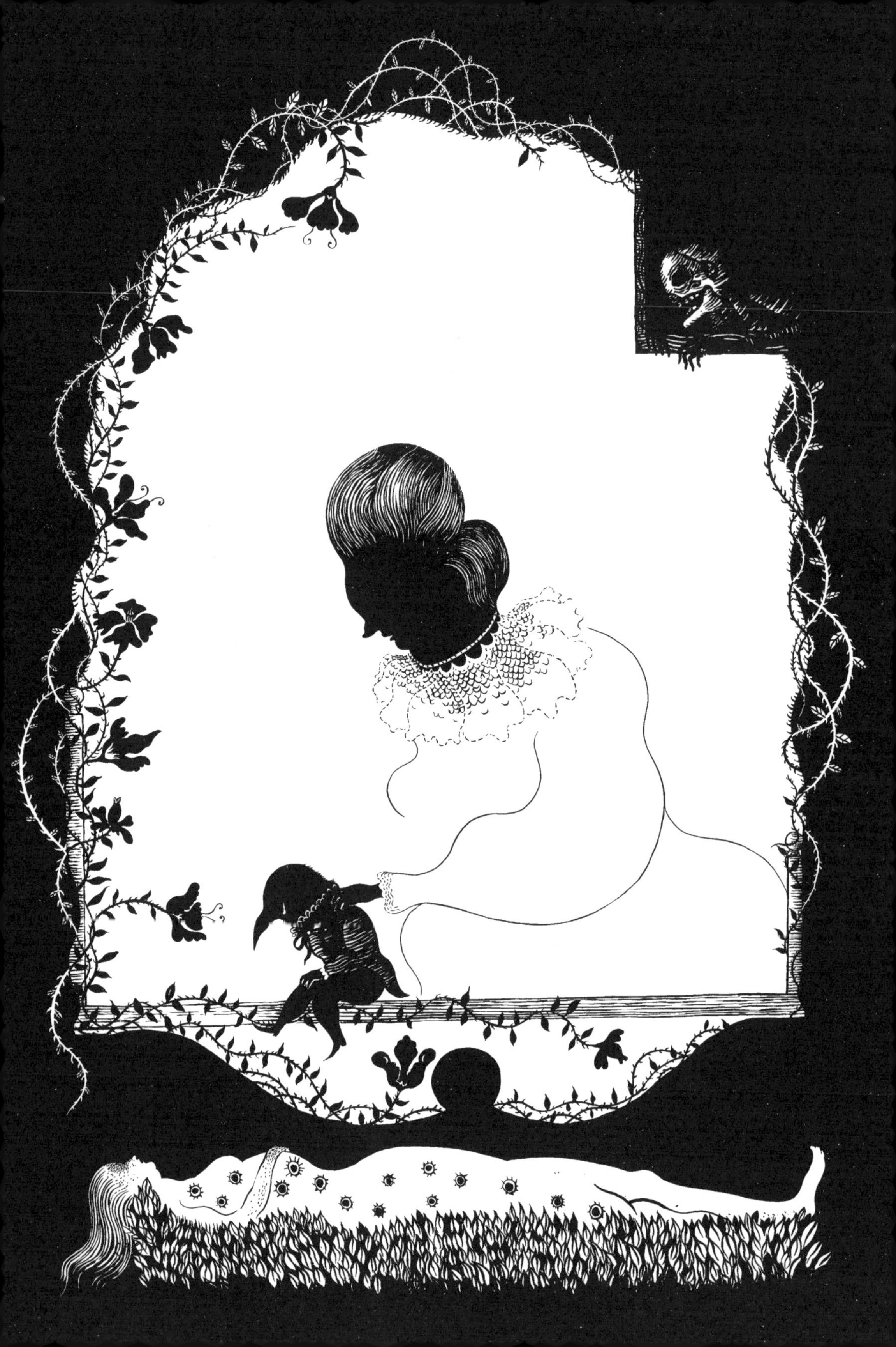

一阵掌声响起。

其他人组成一个合唱团，加入庆祝中：

"埃德加，埃德加！"

他的黑人保姆给他脱下鞋子。她是一个大个子女人，尽管体型高大，行动却很灵活。弗朗西丝，她的妹妹南茜，也就是南茜姨妈，还有几乎其他所有在场的人，都帮忙将桌上的盘子、刀叉和玻璃杯清理开。唯一没有动的是那两个男人，约翰·爱伦和他最重要的客人，面对这阵喧闹，客人露出微笑，约翰·爱伦则保持着他一贯的严肃庄重的神色。约翰·爱伦三十七岁，看上去要更老些，或许是因为他的社会地位，因为他的生意，又或许是因为他自己作为一个孤儿的过去。他出生于大西洋另一端的苏格兰，但他现在已经是美国人了，因为他和一个美国女子结了婚，向美国国旗宣了誓。埃利斯-爱伦商行在里士满很有名望。他们最初出口弗吉尼亚州的烟草，但业务范围已经扩宽了：茶叶和咖啡、烈性酒和葡萄酒、纺织品、谷物、马匹，甚至奴隶。

埃德加已被他的养父合法收养，如今叫作埃德加·爱伦·坡[1]。

"表演得真好！"当男孩站在桌子上时，客人一边鼓掌一边说道。

"他很有本领。"南茜姨妈夸耀道，"他会写，会画，会跳舞……他是个天生的万人迷！"

"你收养了一个很棒的孩子，约翰！"客人拍了拍这户人家的男主人。

男主人微微一笑，面色如常。

桌子上，埃德加用孩子的淘气目光扫视过所有人，感觉自己是主角和受关注的焦点。他很享受这些时刻。

"继续啊，孩子。"他的妈妈鼓励道。

他挺直身板，摆出一副演说家的架势，用大胆的声音和优美的语调，开始朗诵熟记的《最后一个吟游诗人的歌》[2]中的诗句。

---

1 实际上，约翰·爱伦并没有正式收养埃德加·爱伦·坡。
2 英国诗人沃尔特·司各特（1771—1832）的叙事长诗。

他的保姆为他准备了一杯糖水,当他从桌子上下来时,在听众们热烈的掌声中,他会用这杯糖水祝酒。

当弗朗西丝和南茜姨妈入迷地注视着他时,当客人们称赞他童稚的表演时,约翰·爱伦眼中闪过一丝光,透露了他的虚荣心,这份虚荣心是养子引人注目的魅力给他带来的。

1815年6月17日

埃德加注视着切萨皮克湾[1]的水域,"洛塞尔号"船头朝向开阔的水面,拖曳着这艘船的拖船正准备割断缆绳,让"洛塞尔号"自由驶离。船身颠簸第一下的时候,他的母亲和姨妈回到了船舱里,她们受晕船之苦,这证明了她们本就不是经常航行的海员,而是习惯于待在陆地上的女人。他的父亲却感受到了与他相同的兴奋。

"看啊,父亲,那些船帆!"

事实上,"洛塞尔号"正准备开启自己横渡大洋的旅程,首先横渡切萨皮克湾,然后横渡大西洋,驶向苏格兰。在接下来的日子里,一望无际的大洋构成的全新景色将伴随它抵达目的地。

埃德加更加激动了。

"父亲!您不晕船吗?"

"因为晕船错过这种激动的感觉?"他的父亲挺起胸膛说道,"绝对不会,儿子!我等待这场旅行已经许多年了!……"

人们向埃德加解释过,约翰·爱伦是如何移居到新生的美国,欧洲的战争和拿破仑的征服如何延迟了他的回乡之旅,出海冒险的合适时机最后又如何到来,他的目标是在英国成立一家埃利斯-爱伦商行的分公司。也许他们会在外面待上四年、五年、六年……为此约翰·爱伦已经拍卖了他的部分资产,

---

[1] 位于美国东海岸中部。

包括几个奴隶。如果说埃德加迫不及待，那么他的监护人——这个严肃的男人也同样急不可耐，尽管他的神情要克制得多。

男孩观察着船帆如何鼓满，船只如何得到第一阵横渡海湾的推力。

这艘船是他见过的最漂亮的船。

"父亲，当我们驶到宽阔海域的时候，您认为他们会让我来驾船吗？"

约翰·爱伦不习惯笑，但这一次他不禁笑了。他的妻子和小姨子正晕船卧床，埃德加将会成为这场为期三十六天的漫长航行中唯一的消遣，所以还是放轻松些好。

1817年秋

正值周五，时间过得很慢。

正值周五，他最想要的就是离开这里，和父母见面，待在他们身边，整个周末都不去想学校的事。

埃德加看向斯托克纽因顿[1]的庄园大屋学校的墙壁，这里是他在英国的第三所学校。

"坡。"

"什么事？"他转过头去看莱斯特·亚当斯。

"还没有人来接你吗？"

"你看到了，还没有。"

他的同学挨着他坐在长椅上。这里只有他们两人。与他不同的是，从来没人来找莱斯特。莱斯特一直被关在学校里。

那样难道不像个囚徒吗？

他打了个哆嗦。

"你喜欢这所学校吗？"莱斯特问他。

1　位于英国伦敦。

"喜欢。"

"你这么说是因为你擅长法语和拉丁语，还有拳击。"

"不是。你该看看我刚从美国来到英国时上的第一所学校。"

"那是什么样？"

"他们打我们。他们狠狠地打我们，你知道吗？我一想到那些阴森森的教堂就发抖。周五的时候，他们逼迫我们抄写教堂墓地的墓碑上的铭文。"

莱斯特挑了挑眉。

"真的吗？"

"我们到伦敦的时候，我被送到一所寄宿学校，这所学校要好些，但我还是感觉有点格格不入。我是'美国小子'，是在美国独立战争中反抗英国的人的儿子。所以这里——"他说着，指了指庄园大屋学校的墙壁，"毫无疑问要好得多。"

莱斯特垂下头。

"布兰斯比神父对我很严厉。"他叹息道。

埃德加没有回应他。他看见一辆马车出现在通往学校大门的路上。

一抹微笑点亮了他的脸庞，他对朋友掩盖了这个笑容。

"周一见。"他告别道。

"玩得开心，坡。"

母亲还没有从那辆将会带他离开学校的敞篷马车上下来，他已经朝她奔去，想要拥抱她。

1820年6月

他清楚地记得来时的旅程，母亲和姨妈的严重晕船，父亲的幸福，他自己的激动。

然而如今，在回程中，一切都不同了。

感觉像经历了永恒，却仅仅过了五年。他仍然是个孩子，却是一个充满生活经验的孩子。

他父亲的生意并不成功，约翰·爱伦暗自感到羞辱。清盘的时候，甚至连回国的旅费都不够。

"我们犯下了野心勃勃和过分骄傲的罪过。"埃德加听见父亲对他的妻子说。

最糟的不是这个。最糟的是弗朗西丝病了，因为水肿病倍受折磨，她深受英国的气候酷烈之苦，变得十分虚弱。埃德加回忆不起他的亲生母亲，也回忆不起她在贫穷中去世前病情日益严重的寒冷苦涩的日子，但他认得出那些迹象。

"你不会死的，对吗？"他问弗朗西丝。

"不会，亲爱的。"她一边答道，一边抚摸他的脸颊。

但她的眼睛给出了另一个回答。

这艘船，"玛莎号"，将利物浦港抛在身后。

三十六天之后，他将回到美国。一所新的学校，与哥哥和妹妹的重聚，未来。

这一次没有人笑，风也没有在船头吹动他的头发。

1820年秋

约瑟夫·克拉克是个暴脾气的爱尔兰单身汉，他热爱拉丁语，这是他在课堂上教授的语言。他的私立学校的学生家长来拜访他，这不算罕见，却也并不常有。约翰·爱伦的来访就更不寻常了，他是那个最近入学的男孩的父亲，男孩在全家返回美国后进入了约瑟夫·克拉克的学校。

两人握了手，互相认真打量着。

"我来向您寻求建议，教授。"

"什么建议？"

"关于这个。"约翰·爱伦递给他一本作业簿，上面是一名稚嫩学生写的端正字迹。

"我不明白。"克拉克先生说。

"这是我儿子埃德加写的。是一些诗,我希望了解您的看法。"

"埃德加写诗?"

"是的。看起来是写给里士满的几个小姑娘的,不过这不是最重要的。我想知道这些诗有没有价值,能不能发表。"

"发表?"克拉克先生眨了眨眼,"爱伦先生,您的儿子只有十一岁,却自视甚高,对他这个年纪来说有些过分。毫无疑问,印刷这些诗弊大于利,当然,前提是这些都是好诗。"

约翰·爱伦身子一僵。

"我原以为……"

"我们应该给予他适当的关心。"老师扬了扬下巴,"这包括严厉地对待他,缓和他的激情,控制他有时候的……原始的情感。我确信您一定盼着这个男孩好。"

约翰·爱伦回想起他上一次打埃德加的情形,那是为了惩戒埃德加和他的合伙人的大儿子一起做出的鲁莽举动。也许老师说得对。尽管他可以发誓那些诗写得的确很好。

简短寒暄一番后,两人再次握手,结束了他们的谈话。

二
少年时期

1823年4月

他知道自己目瞪口呆,像个傻瓜。

目瞪口呆,不知所措,滑稽可笑。

那个女子是他在十四年的生命中见过的最美丽的女人。正是因此,突然之间,他不再是个孩子了。

"你是埃德加,对吗?"她说着,向他伸出手。

"对,对,夫人。"他喃喃低语。

"我很高兴你和我儿子是朋友。"

她说话时带着一种特别的温柔,用的是一种天使般的语调。她说出的每一个字都是一串和声,声调的每一次转变都是一支歌。她的眼眸,她的双唇,她的肌肤,她的手的触碰,那只手刚刚抚摸过他、握过他的手。

最初的爱有多痛?

如果是一份不可能的爱,又有多痛?

她,简·斯塔纳德[1],三十岁。

"我听说过关于你的不可思议的事。"

---

[1] 简·斯塔纳德是爱伦·坡的同学罗伯特·斯塔纳德的母亲,也是爱伦·坡少年时爱慕的对象。爱伦·坡发表于1831年的诗作《致海伦》中的海伦就是她。

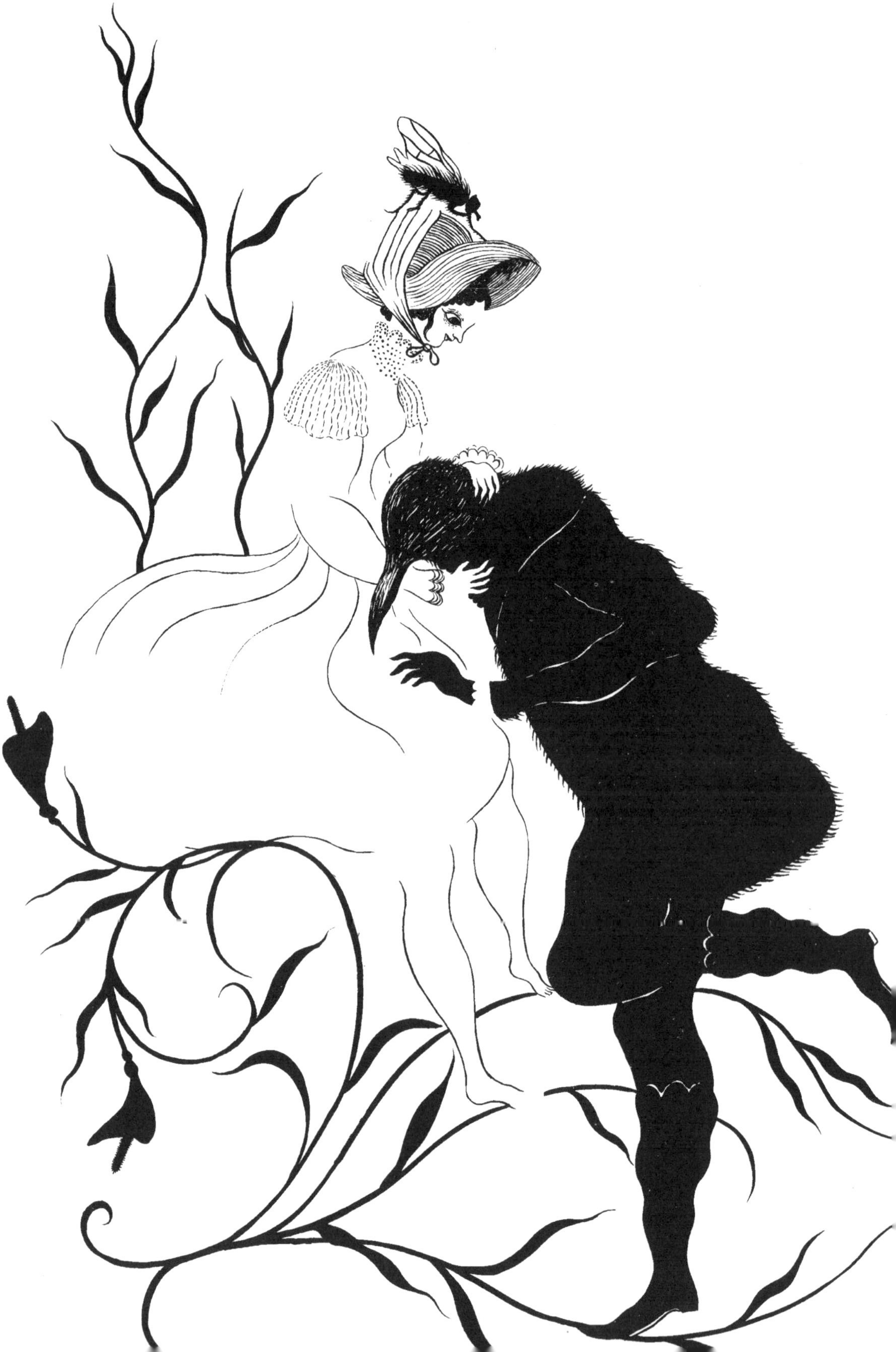

"什么事？"他羞怯地问。

"比如说，你生性平和，但在自尊心受到伤害的时候，你把某个说谎中伤你的人狠狠揍了一顿。一开始是他在揍你，看上去你打不过他。但后来你开始反击，击败了他。接着你声称，你之前是在等他打累，这样才好向他展示你的搏斗技艺。"

"这是真的。"他骄傲地承认道。

斯塔纳德夫人笑了起来。

"看起来你很注重你的生平事迹。"

他仍然为她非凡的美丽感到惶然不安、心醉神迷。她亲切又爽直，谈到了他身上发生的一些最为人所知的事件。几乎就像她也参与了那些事。

他还没有离开，却已在盼望着回到她身边。

倾听她。

感受她。

在这时，他虽然脑中一片空白，却展示出他那南方人的绅士作风，散发出他的魅力，据他母亲说，他一旦长大就会用那种魅力赢得女人的青睐。

"我想做个诗人，夫人。"他向简·斯塔纳德透露道。

1824年4月28日

可突然间……

所有那些坦露心声的下午，所有那些魔法般的时刻，所有那些分钟、小时和日子……

全都化为云烟。仅仅过了一年……

他徒劳地试图掩盖泪水。一些人以为他在为他的朋友哭泣，出于同伴情谊。另一些人以为，他因为想起了在他三岁时去世的亲生母亲而哭泣，或者是为一位亲爱的友人哭泣，他曾和她一起聊天，度过愉快的时光。

但并非如此。

他哭泣，带着愤怒，带着绝望，因为无论他是否只是个少年，他都爱过她，热烈地，秘密地，最大程度地，直至疯狂地爱过她。这份爱足以在生命中刻下痕迹，激发上千首诗的灵感。

"脑肿瘤早已让她失去神志了。"

为什么死亡要带走美丽，将她从一个充满黑暗和噩兆的世界中夺走？

"她生前是个非比寻常的女人。"

他们知道些什么？

没有人了解她。没有人！

唯有他。

他注视着简·斯塔纳德的坟墓。"她的丈夫和孩子们深深爱着她"，碑文如是说。

"还有埃德加·爱伦·坡。"他的意念高喊道。

他攥紧拳头，愤怒转为了眩晕。

也许一切都已不同了，因为人一生中能爱多少次呢？一次，两次，五次，十三次……？

他闭上眼睛，回忆起与她共度的每一个瞬间。

1824 年 11 月

弗朗西丝从身后抱住他，感觉到她的双臂时，埃德加停止了阅读诗集。

"你在做什么？"她问他，好像他正在做的事还不够明显似的。

"我在读书。"

她在他头上吻了一下。

"你还好吗？"

"我很好，为什么这么问？"

"我不知道，这几天你显得有些疏远，有些奇怪……"女人叹息着说道。

"嗯，因为学业……"

"还有别的事。"她让他转过身来，面对着他，直视他的眼睛，"你父亲也很担忧。"

埃德加什么也没说。

她是他最不能向之流露情感的人，她那么温柔，那么善良，那么单纯。自从他知晓约翰·爱伦的婚外情，并且确信父亲也知道他清楚这一事实之后，家庭关系已经恶化了。对一个不值得尊敬的人要怎么保持尊敬呢？

"你变成了一个孤僻的男孩。"她抚摸着他的头，"我猜是因为你这个年纪特有的问题。"

埃德加宁愿保持沉默。

1825年春

自从搬新家后，他见过她两三次，每次都远远地。他知道她的名字，埃尔米拉·罗伊斯特；他知道她的年龄，十五岁，比他小一岁；他也知道，他的心重新开始跳动了。尽管他从未忘记过简·斯塔纳德，但他的这位女邻居十分独特。

终于，在这一天，两人面对面了。

"我听说过你。"她坦诚地告诉他。

"我希望你听说的是让人高兴的事。"

"你游泳横渡了詹姆斯湖[1]，你的家庭教师在船上看着你。"

"拜伦也做过类似的事[2]。"

"当人们质疑你能否游过八公里时，你内心感觉受到了伤害，于是你找来证人，让他们在一份声明书上签名，好拿给那些不相信你的人看。"

埃尔米拉突然露出一抹微笑。

她很漂亮，有着一双大大的、深色的眼睛，一头鬈发垂在她的鹅蛋脸两

---

[1] 位于美国北卡罗来纳州。
[2] 英国诗人拜伦于1810年游泳横渡赫勒斯滂海峡（今达达尼尔海峡）。

侧；她皮肤白皙，明净的面庞上勾勒出一双秀美的嘴唇。

那时他便知道他将会和她结婚。

总有一天会的。

约翰·爱伦的叔父高尔特给他留下一大笔遗产，让他意想不到地发财后，埃德加与他的关系便彻底破裂了。财富使约翰·爱伦成为这座城市里最成功的人士之一，不但没有给他的心灵带来快乐，反而让父子二人更加疏远，让约翰·爱伦变成了一个淡漠冷酷的人。但现在，埃尔米拉的出现改变了一切。她为他的现实赋予了意义。

"我们回头见。"女孩告别道。

"当然。"埃德加真心地说。

1826年2月14日

最大的好处是离开家。

最大的坏处是不得不与埃尔米拉分别。

尽管如此，新事物的气息，或者命运的风暴，让他一贯沉默寡言的气质变得鲜活起来。里士满与夏洛茨维尔相距仅一百二十公里，乘马车两天路程，然而他从未感到自己离得如此遥远。新成立的弗吉尼亚大学[1]是当时最负盛名的大学。看上去约翰·爱伦在真心关注他的教育。但埃德加知道并非如此。

他的养父希望他离得远远的，仅此而已。

自从上一个夏天，当埃尔米拉与他互相宣誓永远相爱之后，他内心的斗争开始变得愈加激烈。他感受到无法熄灭的火焰，写出激情洋溢的诗，他几乎无法控制精神与身体产生的变化，渴望在起起伏伏之间长久维持一种破碎的平衡。

在夏洛茨维尔，他遇见了许多大学生，他们都是显贵家族的孩子，是弗

---

[1] 弗吉尼亚大学成立于1819年，位于美国弗吉尼亚州的夏洛茨维尔市。

吉尼亚州最显赫的财产继承人。在这里上学是对他的优待。然而他并不感觉受到了优待。

他不是那些继承人中的一员，而是一个突然与他划清界限的男人的养子。他的口袋里一分钱也没有。

作为最后的纪念，他送给了埃尔米拉一个镀银镶珠母贝的手包。

"我会给你写信的。"他向她承诺道。

埃尔米拉没有哭。弗朗西丝却哭了。她的儿子，她的亲人，抛下了她独自一人。

马车驶过阿尔伯马尔郡[1]。在地平线处，肥沃美丽的土地上方探出蓝岭和崎岖山[2]的山峰。他在大学的宿舍将是13号。他将每天早上六点半起床，七点开始上课，在半小时的休息时间里吃早餐，然后回到课堂，直到九点半。每天早上学习两个小时，每周六天，并不严格，因为在那里重要的不是知识的积累，而是教育本身，教育是在与其他同学一起生活、阅读、进行体育锻炼和参与学术活动的过程中实现的。

作为一个穷人，在富人之间。

为什么约翰·爱伦将他送到最好的地方，却连一笔微薄的生活费都吝啬于给他？这笔钱不够让他感到自己和其他人一样，却至少可以让他觉得自己配得上待在那里。

马车在半路上发出"砰"的一声。

"停下来休息会儿？"车夫从驾车座上探出头，提议道。

1826年12月

突然之间，天空在他头顶坍塌，将他压垮。

---

[1] 美国弗吉尼亚州的一个郡。
[2] 蓝岭和崎岖山是位于美国东南部的山脉，爱伦·坡1844年发表的短篇小说《崎岖山的故事》的故事背景就在崎岖山。

"你不会再回到大学了。"约翰·爱伦判决道。

"但是……"

"赌债！"男人露出厌恶的表情，"天啊！赌债！"他恼怒地重复道，"你认为这是一位绅士该有的行为吗？"

"也许，如果那位绅士有点钱能支付他的开销……"

"不许顶嘴！"

弗朗西丝流着泪。

"他的成绩很优秀，而他的行为……"她试图调停这场争吵。

"这是他和我之间的事！"一家之主阻止了她，"两千五百美元！这笔钱可以支付你五六次的学费了！"

埃德加看向窗外，从那里可以看到埃尔米拉家。与命运无情的捉弄相比，从大学辍学显得无足轻重。埃尔米拉，他的埃尔米拉，已经不在那儿了。她的父母知道邻居的儿子前途黯淡，将她许配给了另一个人。

他们截留了他写给她的信。所有的信。

她一定以为他已经把她忘了。

他攥紧拳头。

"他会怎么样呢，约翰？"

"他得找一个正经的工作，弗朗西丝。"她的丈夫生硬地回答。

于是埃德加明白，他在这个家里的生活已到了尽头。

三
青年时期

1827年5月26日

那位军官从头到脚打量他。

"姓名?"

"埃德加·佩里。"

"职业?"

"秘书。"

"年龄?"

"二十二岁。"

谎报姓名是出于自我保护。谎报职业是出于敬意,他还不敢自称"诗人"。谎报年龄则是件无关紧要的事。军队也征募年纪更小的年轻人,但他想和约翰·爱伦保持尽可能远的距离,完全摆脱一切能让他想起过去的生活的东西。在斩断了最后一丝可能的联系之后,他不顾母亲的难过,身无分文地离开了家。最近的两个月是一场艰苦流浪的开始,先是在里士满,后又去往波士顿。到达波士顿后,他给一个严苛的港口商人做文书,在忧虑中工作了很长一段时间,直到今天。唯一的好消息是他看到了自己的诗作出版,尽管这花费了他本就不多的钱;他将那些诗辑成一本集子,书名为《帖木儿及

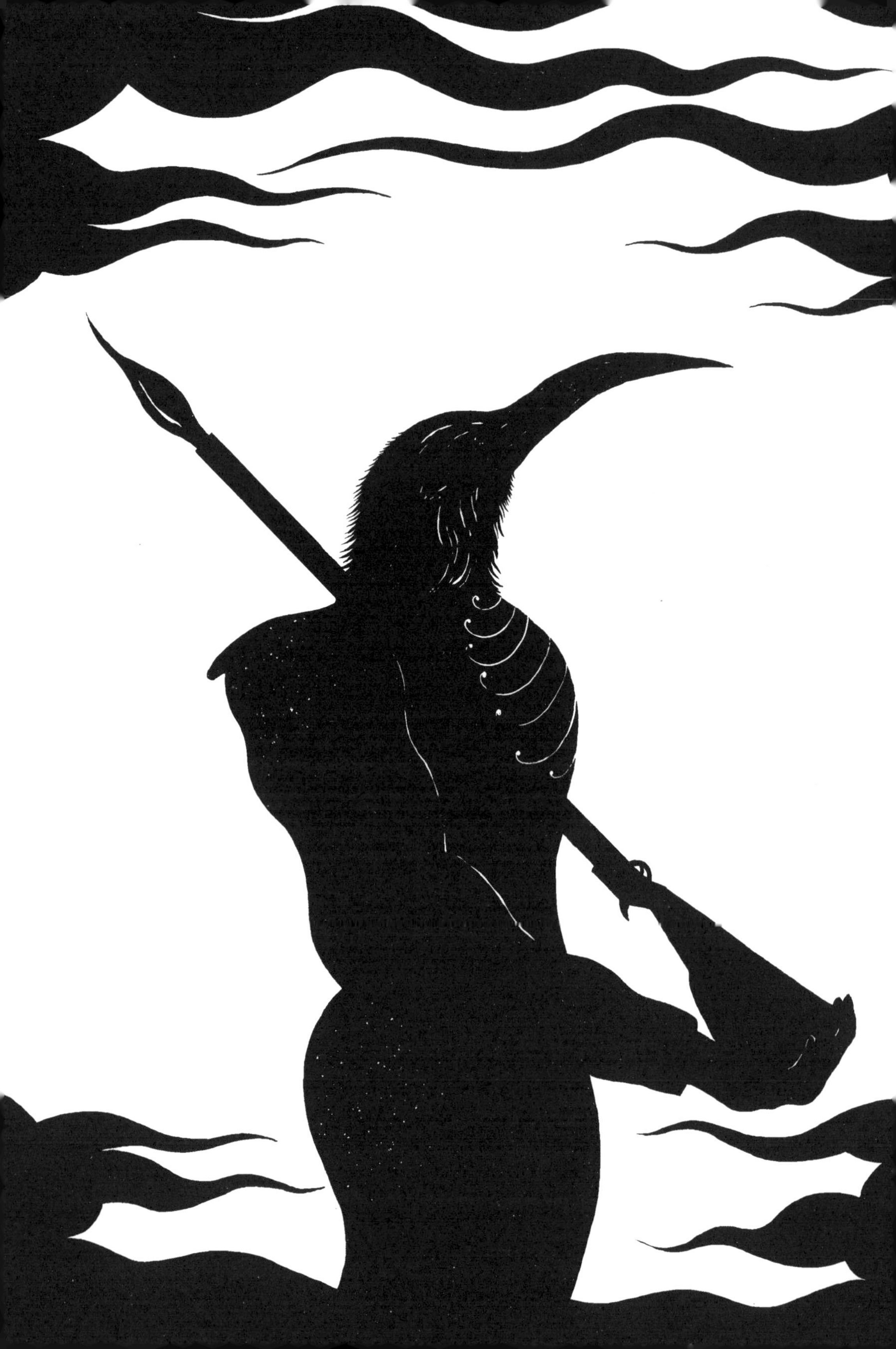

其他诗》。

他没有在诗上署名。

诗集的作者是"一个波士顿人"。

现在,他手足无措,衣衫破旧,傲气和自尊受了伤害,只剩下唯一的出路,那就是加入联邦军队,服役五年。

"你将作为士兵加入独立堡垒[1]第一炮兵团 H 炮兵连。在这里签字。"

他签了字。

1829年3月2日

仿佛他从未离开过里士满,然而一切都已不同了,太多的缺席使回忆变得无法忍受。

弗朗西丝死于肺结核,刚刚被埋葬在肖科山的墓地中,简·斯塔纳德也长眠于这片墓地。埃尔米拉已经结婚,他无法和她见面,哪怕作为朋友也不能。他们不允许他见她。

三位在他短暂的生命中刻下痕迹的女人都离他而去。他也没有忘记他的亲生母亲和妹妹,他的妹妹十二岁时患上了精神缺陷。

"先生……"他低声道。

"她希望我们和好。"爱伦说着,握住了儿子伸过来的手。

"我当时太年轻、太冲动了。"

"你懂得如何自卫。我知道你现在是军士长,这个军衔只有靠功勋才能得到。"

"我可能以学员身份进入西点军校。"他骄傲地说出这个国家第一所军事学院的名称,"我不想继续像现在这样待在军队里。"

他们之前通过几次信。他的信里满是恳求。约翰·爱伦的信里则充斥着

---

[1] 美国波士顿的一座要塞,位于波士顿港的城堡岛上。

怀疑。弗朗西丝的死改变了一切。埃德加确信他的养父时机一到就会再婚。他不缺少再婚的机会。

他拥有十天的假期来试图改变自己的人生。

"等待进入西点军校的候选人名单时间很长。在这期间,你要做些什么?"

"我会离开军队,依靠您的支持申请进入西点军校,看望我的祖母。我也期望出版我的第二本诗集。"

"你已经出版过一本了吗?"约翰·爱伦皱起眉问道。

1830年5月

将近一年的等待后,他终于到了那里。

将近一年的烦恼,艰辛,难题,但他最终还是进入了西点军校。

他确定这是他想要的吗?

有时候他的念头走向一个方向,他的心却走向另一个。

他留在身后的是一团混乱。

最近的几个月里,他和姑妈玛丽亚·克莱姆住在一起,她那酗酒的丈夫最近刚去世,同住的还有她的两个儿女,九岁的亨利和七岁的弗吉尼娅。一位新母亲。她为他缝补衣服,让他的外表变得体面了些。她向他伸出了一只手,那只手一无所有,却捧出了他所需要的那一点关爱。他的哥哥威廉也在那里,威廉像已故的克莱姆先生那样酗酒。或许是苦难在对他紧追不舍,或许是他命运如此。坡家族的骄傲还剩下些什么?

最近的几个月里……

与约翰·爱伦和好没有给他带来金钱,也没有保证他前途无忧,仅有对他进入西点军校的支持。他的新书《阿尔阿拉夫、帖木儿及小诗》在十二月出版,这一次署上了他的名字,他的养父对此略感光荣,重新允许他待在家里,直到他入学。但他们总是因为钱争吵,已经不仅限于激烈的争执。这些争吵标志着一次新的、最终的决裂,再也无法回头。

在这个仅有半个世纪历史的国家里，缺少真正的本土文学，利用的是来自英国的文学传统，他却希望成为诗人？在上流社会看来，靠写作赚钱与绅士身份毫不相称，他却希望依靠手中的笔谋生？

然而，灵感来自简·斯塔纳德的《致海伦》[1]难道不是伟大的诗吗？这首诗难道没有受到一些著名批评家的关注吗？他已是诗人，也将成为诗人，尽管从西点军校毕业后他将成为美国的陆军军官。

埃德加注视着西点军校的外墙，带着畏惧和崇敬。外观的美丽没有掩藏里面的严苛，他对军校的严格已有了了解。他会在黎明时起床，吃一顿清淡的早餐，然后不断地行军，直到午餐时间，为的是强健体魄；下午训练和列军检阅，为的是巩固纪律；接着学习到晚上九点，为的是锻炼头脑。这里有三百零四条内部规定，斯巴达式的严格纪律，没有地方也没有精力消遣娱乐。不允许任何玩乐，连下象棋也不行。不允许吸烟，也不允许饮酒。房间里禁止摆放与学习无关的书籍。

西点军校犹如一座监狱。

他那不驯的精神能够适应这里吗？

1831年1月

感谢上帝，我未来的生命不会太长，将在贫穷与疾病中继续。我已经没有精力，也不再健康。我打算放弃……

"你在给谁写信，埃德加？"

他从信纸上抬起目光，转向他的同学。

"给我父亲。"

---

[1] 这首《致海伦》首次发表于爱伦·坡1831年出版的《诗集》中。爱伦·坡在1848年发表了第二首《致海伦》，灵感来自美国女诗人萨拉·海伦·惠特曼。

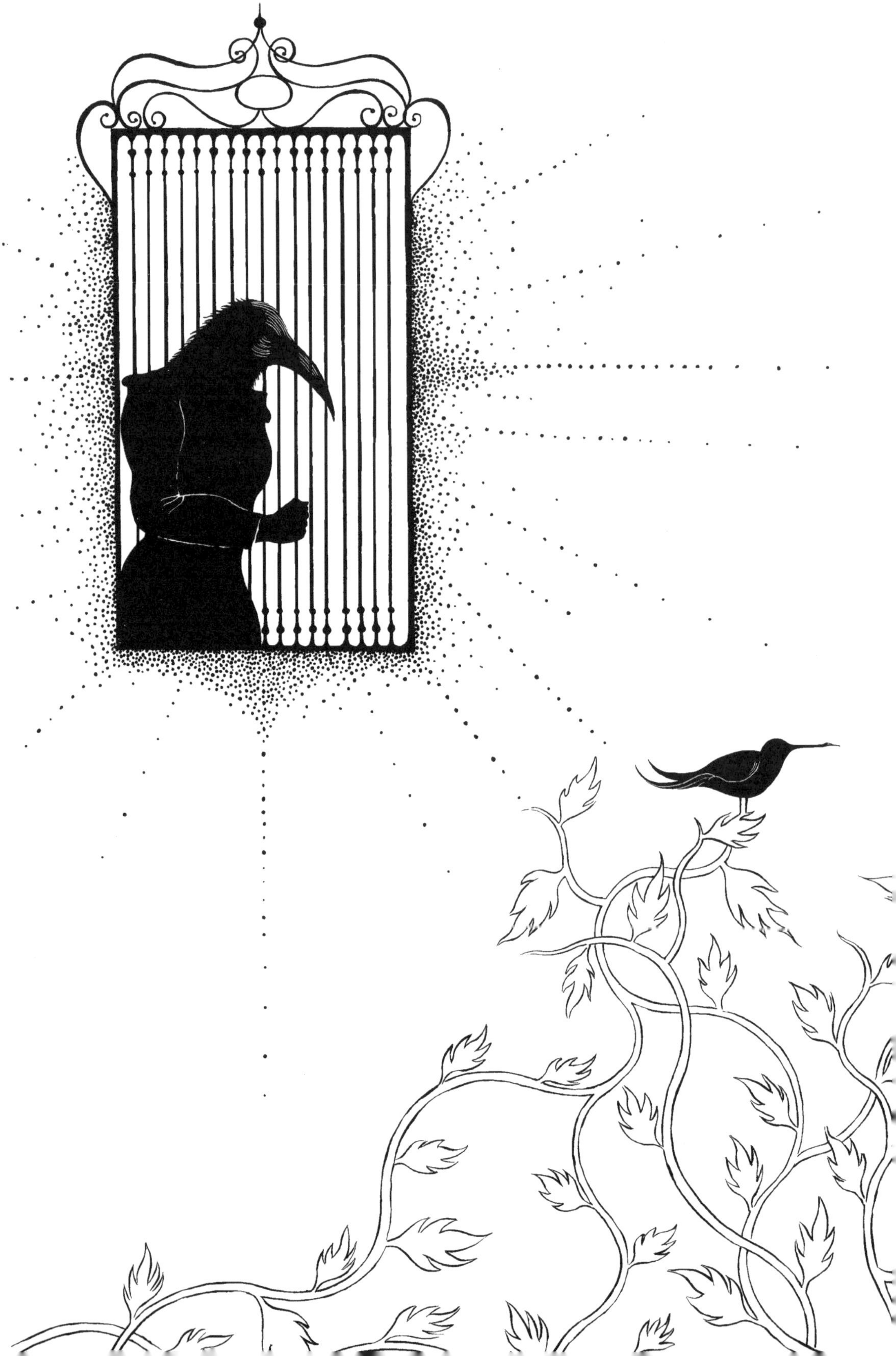

"别这么做。"

"你生来就是为了进军校。我不是。我终于厌恶起这身军服和军队了。"

"别说了!可能会被人听见!"

"我恰恰想要人听见。我从小就是个优秀的运动员,但我已经无法忍受待在这里了。要么让我父亲同意我退学,要么让他们开除我。"

"你疯了。"年轻人紧挨着桌子在椅子上坐下,"我们为你所做的一切还不够吗?"

西点军校的学员们发起了一项认购活动,为出版他的第三本书筹集资金。所有人都相信他。连塞耶上校[1]都对这件事表示赞许。埃德加,机智风趣的军校学员坡,有讽刺精神的军校学员坡,应当得到这样的支持。筹款活动取得了成功。

"这与你们无关。这是私人问题。我现在已经一无所有了。一无所有。我父亲在得了一对双胞胎之后,去年十月结婚了。那两个孩子不再是私生子,他们是他的儿子。他一分钱也不会留给我。他判处我永远活在贫穷中。"

"那就从西点军校毕业,做个军官!"

"不,都结束了。"

"你想做什么?你会被枪毙的!"

"如果他不签名同意让我离开这里,"他说着,指着信,"我就会违反命令,拒绝参加宗教仪式,拒绝去上课,缺席检阅……"

他的同学站起身。

"或许是这样,你就不配穿上这身军服。"他叹息道。

看着同学离开后,他转回到信上。

如果我在接下来的十天内没有收到答复,我就会开始不顾我的学业和

---

[1] 西尔韦纳斯·塞耶(1785—1872),美国军人、工程师、教育家,曾为西点军校的负责人。

职责，在不经您同意的情况下离开西点军校；我在考虑的另一个选择是被开除。

1831年5月

见到他时，玛丽亚·克莱姆变了神情。

"埃德加！"

弗吉尼娅兴高采烈地从她身后走出来。

"埃迪[1]！"

"你好啊，茜茜[2]！"他说，尽管他还病着，却还是抱起了女孩。

他骨瘦如柴的身体仿佛就要碎了。

"你在这里做什么？"女人幸福地抱住他们两个。

"说来话长……"

"你怎么不在西点军校？"

"我在那儿待不下去了。"他不想提到"开除"这个词，"我在纽约生了病。我来到巴尔的摩是因为……我没有别的地方可去。"

玛丽亚·克莱姆没有期待更多。她让他进入了她简陋的家。埃德加在一把小椅子上坐下，仍旧抱着弗吉尼娅。他让她坐在他的膝头。女孩紧紧抱着他，仿佛害怕他会逃走。她的这个举动，她的眼神，还有她满含爱意的微笑，表露出了她对他深深的喜爱。

"在纽约发生什么了？"

"都已经过去了，玛迪[3]，不重要了。"

他遭受了剧烈的头痛，患上了感冒，肺部受了损伤；他的耳朵一直在化脓流血。他到了发疯的边缘。正是在那时，他明白了自己一无所有，唯有写作。

1　埃德加的昵称。
2　弗吉尼娅的昵称。
3　玛丽亚·克莱姆的昵称。

他是那样迷惘，感到那样愤怒。

"我哥哥在哪儿？"

"在楼上。"姑妈的面庞蒙上了一层荫翳，"他病得很重，埃德加，非常重。"

又一个问题。

"我可以和你们一起住在这里吗？"他已感到疲惫不堪。

他们一无所有。现在是雪上加霜。他没有工作。多了一张吃饭的嘴。然而，玛丽亚·克莱姆一秒钟也没有犹豫。

"当然可以，埃德加！这就是你的家！我一直拿你当儿子看待！"

1832年1月

他无法相信。然而这是事实。

"我在《星期六邮报》的短篇小说比赛中得了第二名。"

"啊，埃德加……"玛丽亚的悲伤和侄子的愤怒相撞了。

"真可恶！"他用力把报纸扔到地上。

"但是得了第二名……这证明你很优秀。"

"这意味着我不是最出色的。"他说，"如果我不是最出色的，就永远无法达成我的目标。"

"你还年轻。"

他花费了许多时间来写作和完善那五篇短篇小说；他在这几篇小说中注入了所有的希望。一百美元的奖金本可以大大改善家里的经济状况。自从去年夏天威廉去世后，生活已经变成了一连串单调空虚的日子。

弗吉尼娅在这时走进家门。她手中拿着一个信封。

"这是给你的！"她把信封交给表哥，"是《星期六邮报》寄来的，看看寄信者的名称！"

埃德加皱起眉。他不得不读了两遍才能好好领会信中的消息。玛丽亚和弗吉尼娅期待地望着他。

终于，他与她们目光相汇。

"他们打算发表我的五篇小说。"他宣布道，"没有提到钱，但他们打算发表我的小说，全部的五篇。"

1833年10月7日

约翰·肯尼迪是作家和国会议员，约翰·拉特罗布是记者和文人，詹姆斯·米勒是医生和文学爱好者。

这三个人组成了《星期六访客》的比赛评审团，这项比赛为最优秀的短篇小说提供五十美元奖金，为最优秀的诗歌提供二十五美元奖金。

评审会议在拉特罗布家中，在他们三个人之间举行，桌上堆着参加短篇小说比赛的作品手稿。

决定性的一天已经到来。

在这个时候，巴尔的摩的某个地方，一名参赛者，埃德加·爱伦·坡，正在想着他们；他沉默寡言的个性混杂着秘密的希望，盼望着打破对他紧追不舍的厄运。去年，另一家名为《星期六邮报》的报刊发表了他的五篇小说，的确如此，但没有付给他稿费，也没有提到作者是谁。现在，他给《星期六访客》的诗歌比赛寄去了一首诗，给短篇小说比赛寄去了六篇小说。其中的任何一篇都可能获奖。

任何一篇。

与此同时，拉特罗布拿起一部简单装订的手稿，目光扫过开头的几行。他的两位同伴，米勒和肯尼迪，点燃雪茄，在杯中斟满威士忌。

"也许我们应该宣布奖项空缺。"米勒提议道，猛吸了一口雪茄。

"这儿全都是些垃圾。"肯尼迪赞同道，浅呷了一口酒。

拉特罗布继续阅读着。

"您不这么认为吗？"米勒继续对国会议员说。

记者没有回应。他用眼睛读着那几行字，心跳动得越来越剧烈。

"拉特罗布先生？"

"能否允许我给两位读一读这篇？"拉特罗布说，从凝神阅读中抽身出来。

他没有等待回答，开始高声朗读第一篇小说。

第一页读完的时候，约翰·肯尼迪惊叹道：

"太棒了！"

第一篇小说读完后，詹姆斯·米勒开口道：

"好极了！"

他们读完了这六篇小说，不是犹豫奖项是否应该颁给其中的一篇，而是为了享受阅读所有六篇的愉悦，并且公正评判。他们知道，很难在这六篇小说中挑出最好的那篇。

他们最后一次交换了心领神会的眼神。

"我投票给《瓶中手稿》。"拉特罗布说。

他的两位同伴为此举杯祝酒，表明他们完全赞同。

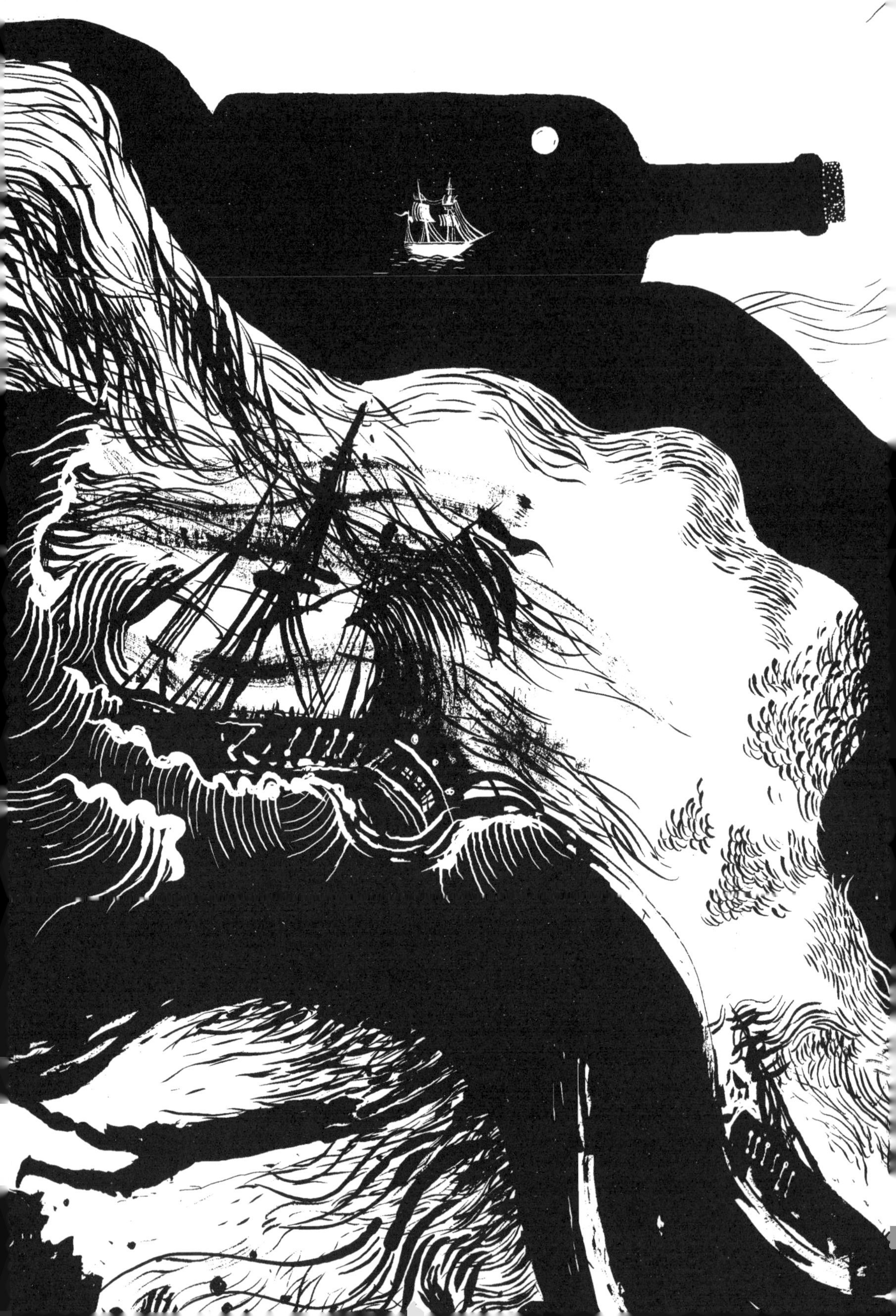

瓶中手稿

我们此刻正掉进一个那样的波谷,这时瑞典老人的一阵惊呼划破了黑暗。"看!看!"他的声音尖得刺耳,"天啊!看!快看!"

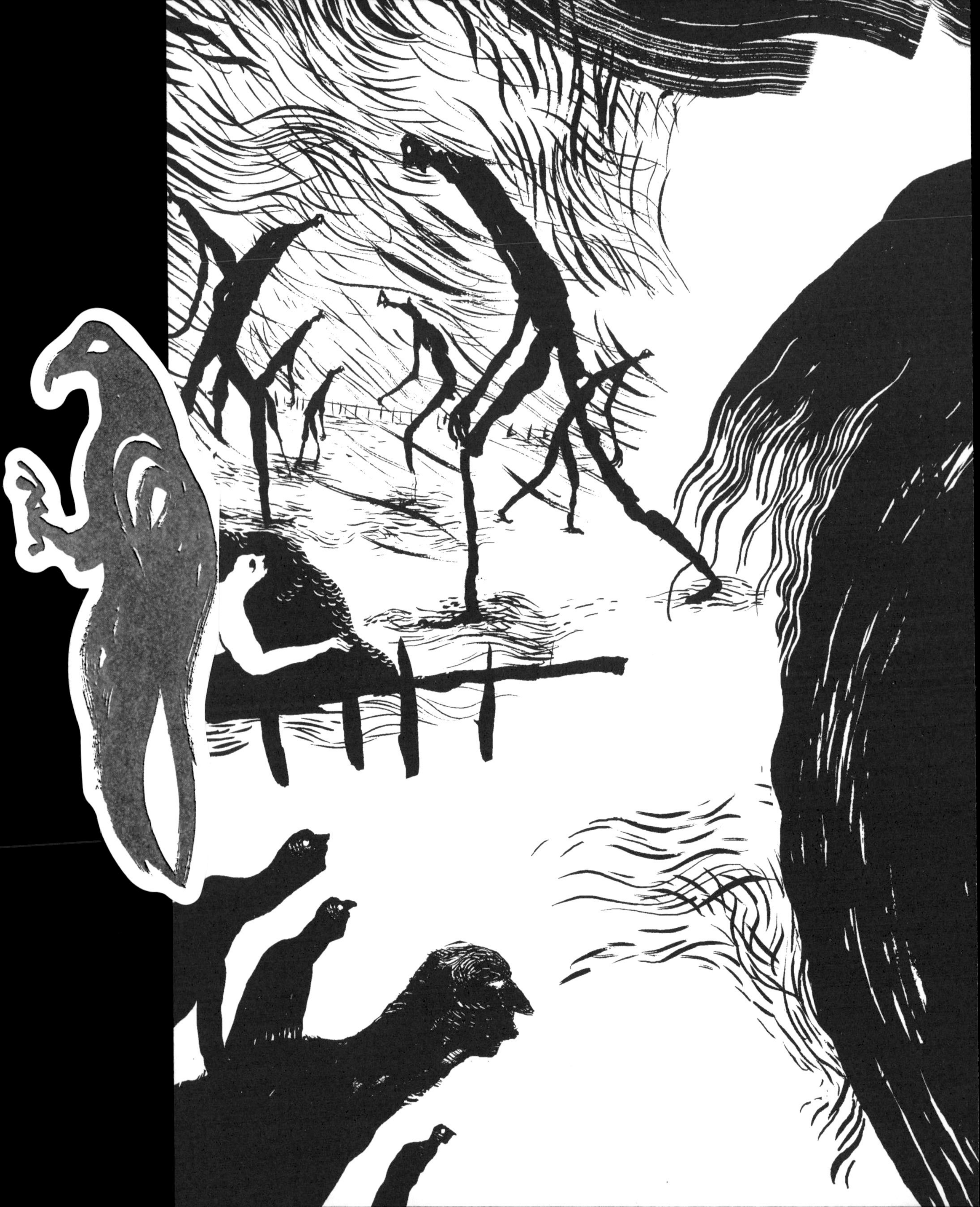

这情形越来越恐怖！那堵冰墙忽而在右边，忽而在左边，我们正绕着一个巨大的圆心，围着一个像是大圆形剧场的漩涡四周头昏眼花地急速旋转，这大漩涡的涡壁伸延进黑洞洞的无底深渊。可我现在已没有时间来考虑自己的命运！圆圈飞快地缩小——

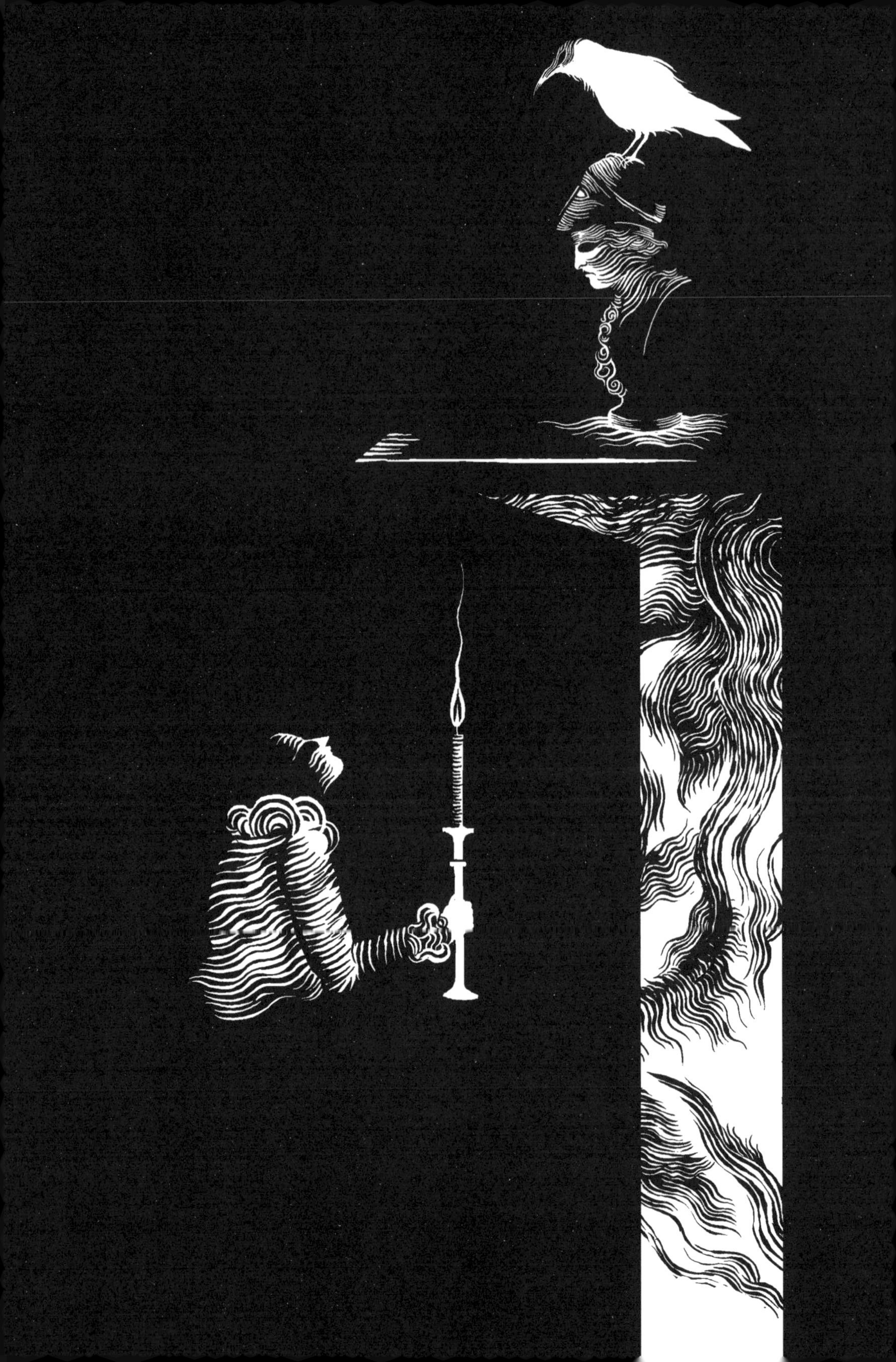

第二部分

然后我推开了窗户,随着翅膀的一阵猛扑,
一只神圣往昔的乌鸦庄重地走进我房间;
它既没向我致意问候,也没有片刻的停留,
而是以绅士淑女的风度栖到我房门的上面,
栖在我房门上方一尊帕拉斯半身雕像上面;
　　栖息在那儿,仅如此这般。

——《乌鸦》第七节

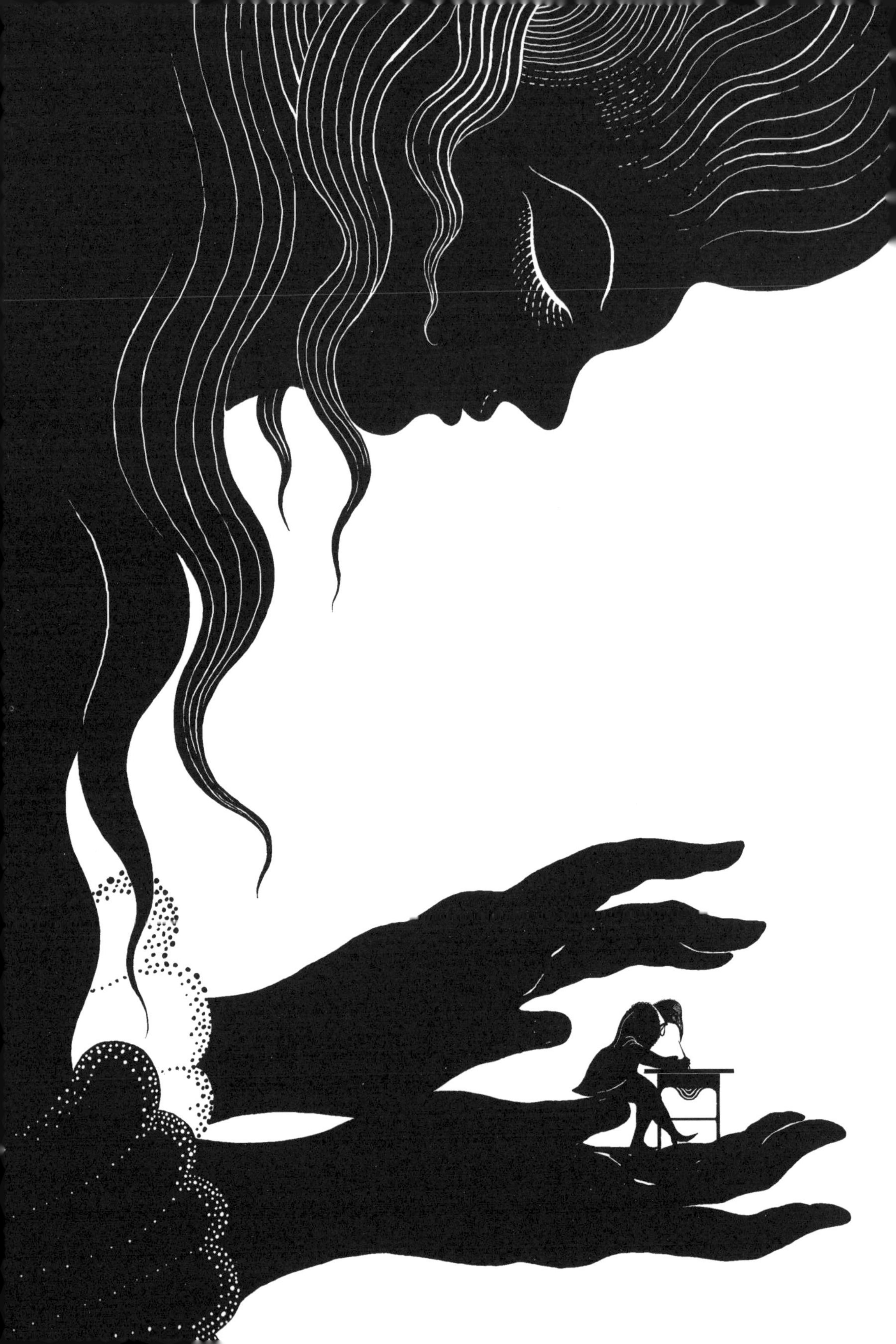

四
里士满

1834 年

自从约翰·爱伦在三月去世后,一种永恒的贫困感在他的心灵中扎下了根,将它的效力翻倍,直至成为最强烈的痛苦,无形的痛苦。

"你认为贫穷有气味吗,玛迪?"

"你在说什么啊,埃迪?当然没有!"

"我散发着恶臭。"

"我不许你这么说!你是一名杰出的作家。"

他脑袋垂在胸前,逃避着玛丽亚·克莱姆的目光。

"然而……"

"埃迪,你对那个男人还有什么期待?他从来都不觉得自己是你父亲。也许他一开始还这样觉得,在你还是个孩子,弗朗西丝还在世的时候,但后来……"

"他一直认为我让他失望了。"

"他自己让他自己失望了!随着他的死暴露出来的那一切又怎么说?连他的遗孀都反对他的遗嘱。他至少有四个私生子。他遗孀的三个孩子的兄弟姊妹中,私生子比婚生子还多。你真的以为他会在遗嘱里给你留一个子儿吗?"

是的，他曾以为会的。现在他最后的希望已经破灭。他已经一无所有，只剩下微弱的精力，还有他的才华。

"我将永远做一个雇佣文人。"他说着，对上姑妈恳求的目光，"我只能靠出卖我的文字谋生，同时写我真正想写的东西。依靠听东家差遣赚钱是这世界上最卑下的事。"

"这是人人都在做的事，亲爱的。"

"我不是其他人。"

"但靠文学生活是不可能的。"

他知道。即使报纸杂志为他的短篇小说付稿费，稿费也很低，他的书发行量最多一千册，大部分都赚不到钱。文学比赛尽管很少，却是最好的选择。

"写了那么多信，忍受那么多羞辱向他求助，求他给一点钱……最糟的是那个吝啬的老头从不让步……信都在那儿，在某个地方，某天它们将会成为我的耻辱。"

"别自寻烦恼，埃迪。你现在有些名望，还有朋友，比如肯尼迪先生。"

"我不得不拒绝他的晚餐邀请，因为连一件像样的衣服都没有。"

"你问他要二十美元买衣服，他就给你寄钱来了。你不是一个人。你还有我们，茜茜很爱你。"

"我也爱她。"他坦露道。

这份爱有时候与贫穷一样让他痛苦。

"你得找份工作。"女人悲伤地低声道，"虽然这让你难过，但你需要一份工作……我们需要你有份工作。"

如果说过去是一片灰暗，未来便是一片漆黑。

"该死的，该死的，该死的约翰·爱伦……"他咕哝道。

1835年8月

回到里士满让他感到极度不安，这份不安几乎没有因为他要去一家杂志社工作而减轻。他不安,首先是因为回到了他最初流浪的地方,这里有他最鲜活的回忆;他可以去麦肯齐家看望妹妹罗莎莉,罗莎莉二十三岁,因为精神疾病永远被困在了童年。其次是因为不得不与茜茜分别。

他的茜茜。

他是什么时候爱上表妹的?

她是这世上唯一一个爱他爱得近乎疯狂的人,甚至比玛丽亚姑妈还爱他。

他会去探访简·斯塔纳德的坟墓吗?他会去看望埃尔米拉吗?她是他少年时的恋人,如今已成了谢尔顿夫人。他会找回旧日的朋友吗?

"埃德加·爱伦·坡!"

托马斯·怀特,《南方文学信使》的所有者,是一个有远见的人。作为一个流动印刷厂主,他在里士满创办了他的杂志。这是一个挑战,因为大规模的报刊都在纽约或费城。然而他拥有勇气和决心。约翰·肯尼迪向他推荐了埃德加,但也向他强调了埃德加"非常穷"。

也许这是一种激励。

贫穷能够激发才华。

"感谢您提供的机会,怀特先生。"埃德加一边说,一边跟他握手。

"我们会让《南方文学信使》成为一本伟大的杂志,您会看到的!"

"我希望您让我为这份杂志撰稿。"他不必提醒怀特先生他只是来做校对员的,"我想向您展示我的能力。"

他知道怀特先生没有主编。他的机会就在这里。

"您什么时候可以到岗工作?"

"明天就可以。"他真诚而快速地回答,"我急需钱。"

1835年8月29日

他突然又感觉到了疼痛:肌肉痛,关节痛,头痛;他感觉心脏的的确确要爆炸了。他抑郁了吗?是的,是的!经济问题困扰着他的心灵吗?是的,是的！但什么都无法与他正在经历的一切相比。他开始写一封信，也许是他生命中最重要的一封信。

> 亲爱的姑妈，当我写这封信时，泪水模糊了我的视线，我一个小时也不愿多活。你已经知道，我背负不幸的重担有多么艰辛。我最大的仇敌如果能够读到我的心声，也会对我心生怜悯。我此生最后的心愿，所有心愿中的最后一个，已经失落了。我没有任何活下去的意愿，也不会再活下去。但我应当尽到我的责任。你知道，我热烈地、深情地爱着弗吉尼娅……

过于夸张了吗？也许吧。那又如何？这是他所感受到的，是他破碎的心在呐喊着的。玛丽亚姑妈寄给他的信展开放在他身边，信中的话刺痛了他的理智。尼尔森·坡，他的堂弟，即将和弗吉尼娅同父异母的姐姐约瑟菲娜结婚。尼尔森提议弗吉尼娅和他们住在一起，为她提供更好的生活。好得多的生活。

他继续写下去：

> 我的痛苦超过了我的承受范围。我的爱是永远无法止住的。如果弗吉尼娅离开，我就再也见不到她了。怜悯我吧。难道我能够实话实说："弗吉尼娅，不要走！不要去那个有舒适生活和幸福在等待你的地方！"但是，你确信她离开会更幸福吗？我能够放弃我自己的生命吗？你认为有人能比我更爱她吗？置身陌生人之间，没有任何人爱我，我怎能活下去？我找到了一座小房子，我们三个可以住在那里……

他对她谈到了他的薪水，他的经济状况，他的梦想。词语喷涌而出，串在一起，将他的痛苦编织成一串念珠。那些话散乱地吐露了他的意愿。

在这里，在里士满，她有更多、更好进入社会的机会。如果她给我寄一封亲笔信，向我道别，那我就可以死去，我的心将会破碎……

最后一段话是写给茜茜的：

我的爱，我甜美无比的茜茜，我亲爱的姑娘，在让你的表哥心碎之前，请好好考虑清楚。

他写完信，又喝下一口威士忌。

他不在乎会喝醉。

这不是他第一次醉酒，也不会是最后一次。

1836年5月16日

"您可以亲吻新娘了。"长老会[1]的牧师宣布道。

他吻了她，温柔地，热烈地，深情而全心全意地。这个吻完成了他追求了许久的这场结合。茜茜靠在他怀里，紧贴着他的身体，带着她终于成为现实的热切与渴望。

埃德加注视着她。

她年仅十三岁，但世上没有像她这般的女子了。她如此美丽，以至于看着她都会感到痛苦。

"亲爱的……"他在她耳边呢喃道。

现在玛迪和茜茜属于他了。她们依赖他。他也依赖她们。他之前暂时与托马斯·怀特断绝了来往。《南方文学信使》的所有者指责他自暴自弃，醉酒的时候比清醒的时候多。

---

[1] 基督教新教的一个宗派。

玛迪亲自写信给怀特，为她的侄子、现在的女婿说情。怀特准备重新信任他，信任他精妙的文采，信任他的文学评论。杂志社的所有者先前甚至说过："坡让我失望了。他有坏习惯。而且他陷入了忧郁。如果他自杀了，我也不会感到奇怪。"

不，他并不想自杀，尽管他的痛苦有时难以忍受。贫穷与挫折的永恒痛苦折磨着他。约翰·肯尼迪也寄来一封信，抱怨他数不清第几次的精神危机。他称他为"天才"。

不幸的天才。

您为什么不按照法国歌舞喜剧的风格写些喜剧作品？我确信您能够做到，您把这些作品卖给纽约的剧院经理，可以大赚一笔。

他的导师对他写道。

歌舞喜剧。

他，能够用文章和评论填满《南方文学信使》的六十四页，去写"喜剧作品"？他，正在创造一种严肃的写作理论，已经因为他的文学评论得到了"印第安战斧"的绰号，出卖文字赚钱？他，希求成为美国文学的仲裁者，将《南方文学信使》变为一本标杆性的杂志，要放弃他的梦想？最近的几个月里，他的短篇小说有着燧石的锋刃。它们很坚硬。《贝蕾妮丝》《影子》《汉斯·普法尔的非凡历险》……最后一篇发表后取得了很大的成功。这次成功能够巩固他的名声，但不足以让他从贫穷中脱身哪怕一天。

为什么他没有实现突破，跻身美国新文学的伟大作家之列？他是一名先驱吗？难道他在对抗深不可测的无知吗？在生长着这种无知的国家里，作者必须自己为自己提供资金，提前给出版商足够的钱，以防他的书遭遇失败。像

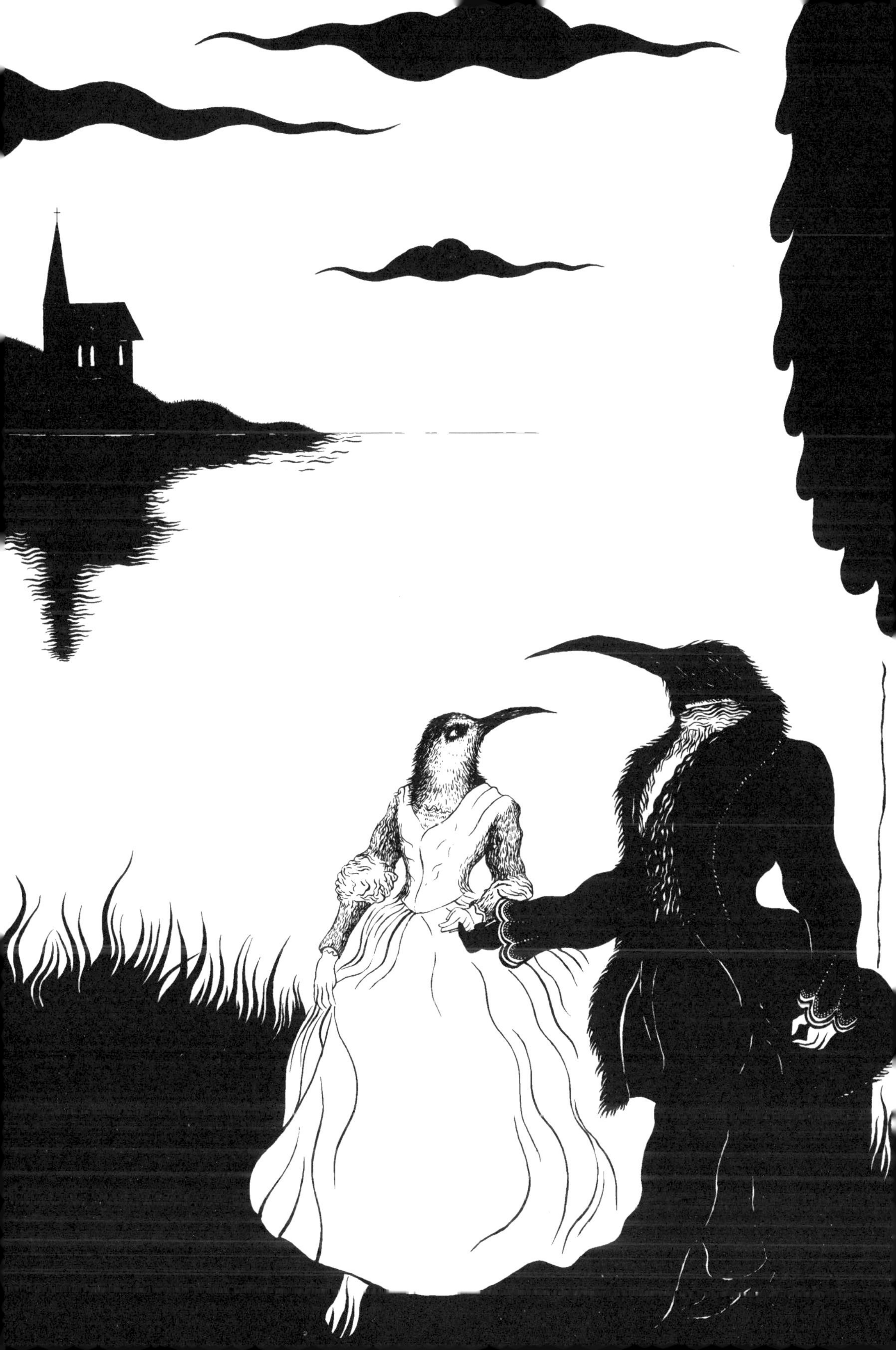

他这样缺钱的作者又该怎么办?

参加婚礼的宾客们鼓起掌来。亚林顿膳宿公寓的大厅里坐着麦肯齐一家、罗莎莉、玛迪、托马斯·怀特和他的女儿伊莉莎……为了取得结婚许可，一位印刷工朋友不得不撒谎保证说新娘有二十一岁，尽管她有着一张孩子的脸。

"我们会回到里士满。"他热烈地拥抱了茜茜，"我会回到《南方文学信使》杂志社。亲爱的，你会给予我力量，对吗？"

1836年秋

就像一场拳击，在结束时，两名拳击手互相观察着对方，尽管都还站着，却已经打得精疲力竭。

是相互指责的时刻。

"埃德加，您在摧毁您热爱和相信的一切。"托马斯·怀特断言道。

"我无法热爱也无法相信《南方文学信使》，我一直都是它的奴隶。"他轻蔑而高傲地说。

"看在上帝的分上，看看您自己！您要去哪里？您要做什么？在这里您本可以有一个未来。您发表了您的小说！您赢得了读者、作家和出版商的尊重！尽管他们害怕您，因为您的批评而憎恶您。《南方文学信使》就是您的演说台！"

"我的演说台？"他的讽刺中掺着一丝苦涩，"因为我，您的杂志订阅量从七百增加到了五千。它是您的演说台。您只给我很小的一点空间从事我真正的工作。我浪费了我的精力为您做事。我们在几乎所有事情上观点都有分歧。这还不是最糟的。最糟的是我的薪水太微薄。我甚至不能过上体面的生活，更不用说供养我有责任照料的两个女人！这实在不可忍受，怀特先生！"

"您的人生最终会一塌糊涂。"出版商痛惜道，"您将烂醉如泥、流落街头、一无所有、孤身一人。"

他攥紧拳头。

这样的梦魇，他已经有过太多次了。

"没有人能击垮我，更不用说我自己。"他挑衅地说。

"您要做出反应，我的朋友，做出反应！您太过悲观、不满、消沉和固执了……这个世界不是为您量身定做的；您不要奢求通过几首诗歌和几篇小说就能凭一己之力改变世界。您以为您是谁？"

"埃德加·爱伦·坡。"他说。

"就这样？"怀特摊开手，表示他的惊讶。

"这就是我拥有的一切，怀特先生。比任何人所能希求拥有的更多。"

争吵结束了。他能做的只剩下转身离开。关上又一扇门。

继续永无休止地为每一分钱战斗，寻求尊严。

或者说，拒绝放弃尊严。

1837年2月

对搬到纽约来说，这是最糟的时机，他渴望依靠他鞭子般犀利的文笔谋生，而唯一向他敞开大门的杂志社是《纽约评论》。

至少，玛丽亚·克莱姆看得很清楚。

"我们会在这里，在格林威治村，开办我们曾经打算开在里士满的膳宿公寓。因为经济危机，银行缺乏资金，人们正在失去他们的房子。人们需要可以居住的便宜住所。"

开办膳宿公寓的钱来自家庭贷款。

"难道你们不相信我能够赚到足够的钱养活我们吗？"

"这样你可以更加安心地工作，埃迪。你会有时间写作。让茜茜和我做出我们的贡献吧。"

"纽约是不同的，对吗，玛迪？与巴尔的摩和里士满完全不同。"

玛丽亚·克莱姆习惯于抚摸他的脸颊。

"当然，孩子。当然。"

他收到了来自纽约各家杂志的最不堪的批评和最无耻的评论。他们没有原谅他对劣质文学和藏在笔名后的作者的无情批判,那些作者使用不同的笔名出版作品,这样就不必受到专业人士的评判,也不必忍受那些充斥着阿谀奉承的文人圈子的傲慢。然而纽约拥有一切,它是新生的美国的中心,连危机时期也无法阻止它的发展。

"《纽约评论》是一本典范的杂志,尽管它有神学背景,而且一季度才出一期。"

"你已经写好了第一篇文章。"他的妻子幸福地注视着他,"你的名声会完成剩下的事。别担心。你什么时候把文章送过去?"

"明天就去。"

"我陪你去。"

"我们出门散会儿步吧?天气似乎没那么冷了。"

他们走到门口,打开门。他们在门槛上遇见了一个小伙子,他眼神躲闪,脸上长着雀斑。埃德加在杂志社编辑部里见过他。

现在他脸上的雀斑仿佛一片黑色灰烬的帘幕。

"坡先生……"

"哈利?"

"是《纽约评论》,坡先生。我……我们很难过。我们本以为这是不可能的。这对所有人来说都是一个打击。我们从来没想过这可能发生,还发生得这么快,但该死的经济危机……"

"等等,等等,你在说什么?"

那些灰烬形成了一片晦暗的云翳。

他的眼神变得湿润。

在连续不断地说出接下来的每一个字之前,小伙子犹豫了,那些字眼黏在他的舌头上,就像屋外的寒意,在每一次呼气时都会产生一阵雾气。

"杂志社关门了,先生。《纽约评论》已经不存在了。"

五
费 城

1838年夏

又一座城市。又一次尝试。至少他已经不是一个默默无闻的人了。他是美国报刊界出版过的最好的短篇小说的作者,也是有史以来最放肆的批评家。因此,费城用发表在《星期六晚邮报》上的一首诗欢迎了他:《致埃德加·爱伦·坡的颂诗》。

他的小说留下了回声,《瓶中手稿》《汉斯·普法尔的非凡历险》《静》《故弄玄虚》和《阿瑟·戈登·皮姆的故事》,最后的这篇是他最长的小说;还有《丽姬娅》,因为这篇小说,他赚了至少十美元。

他的头脑充满灵感。

他的钱袋空空如也。

在一些日子里,他们不得不吃面包和糖浆度日。别的什么也没有。玛丽亚·兑来姆会做些针线活。弗吉尼娅身体太弱了。为了节省火炉的燃料,他们常常要忍受寒冷;但他们不能削减鲸油和灯油的用量,因为在黑暗中无法写作。

向亲戚们要钱是想都不能想的。

"费城会赐福给我们,你们等着瞧吧。"

玛迪和茜茜看着他的眼睛,他的眼神与其说现实不如说勇敢,与其说坚

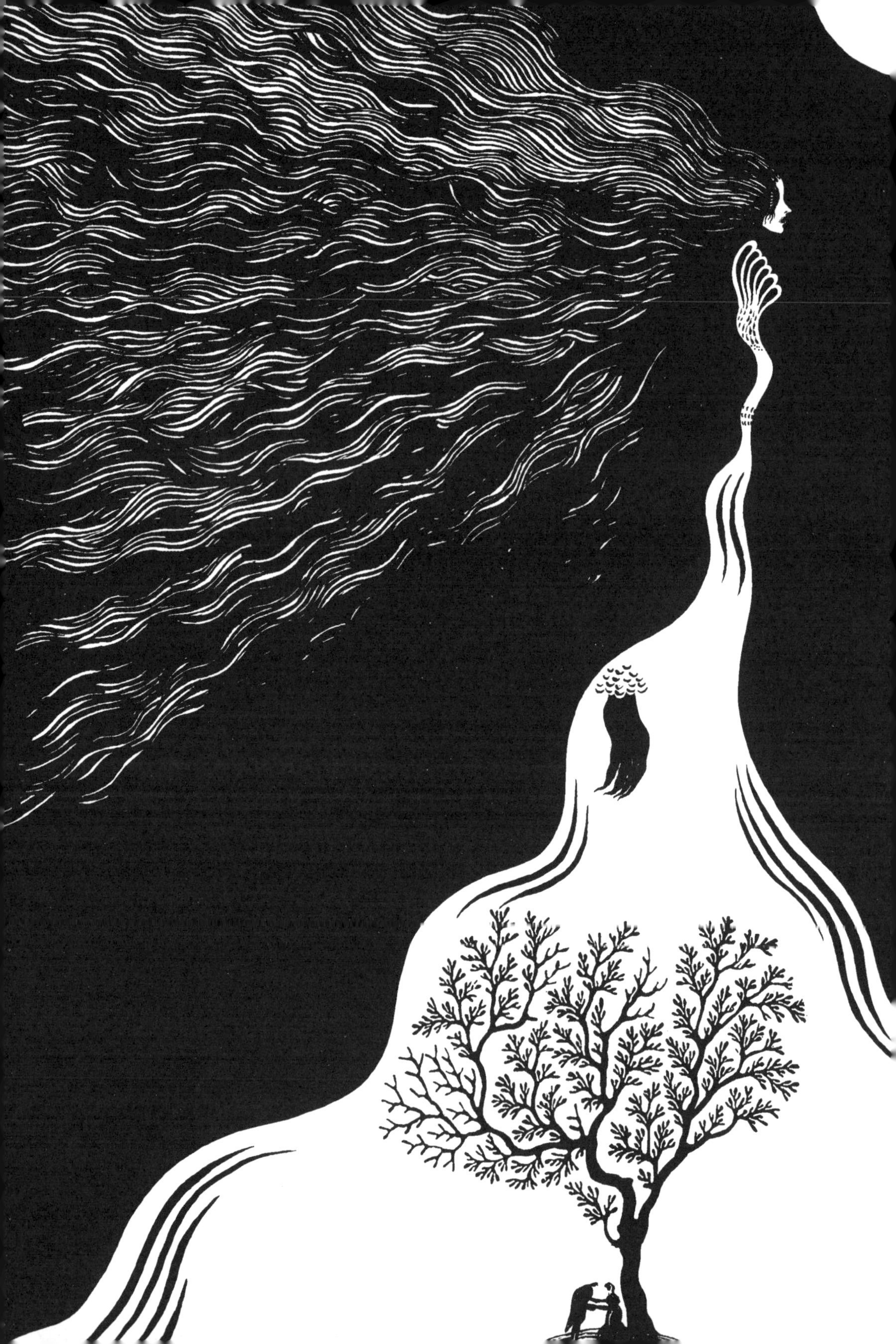

丽姬娅

那出杂剧——哦,请相信

将不会被人遗忘!

因为那些抓不住幻想的人

永远都在追求幻想,

因为一个永远旋转的怪圈

最后总是转回原处,

因为情节之灵魂多是罪愆,

充满疯狂,充满恐怖。[1]

---

1 这段诗歌出自爱伦·坡1843年所作诗歌《征服者爬虫》,这首诗被爱伦·坡嵌入小说《丽姬娅》(1845年修改稿)。

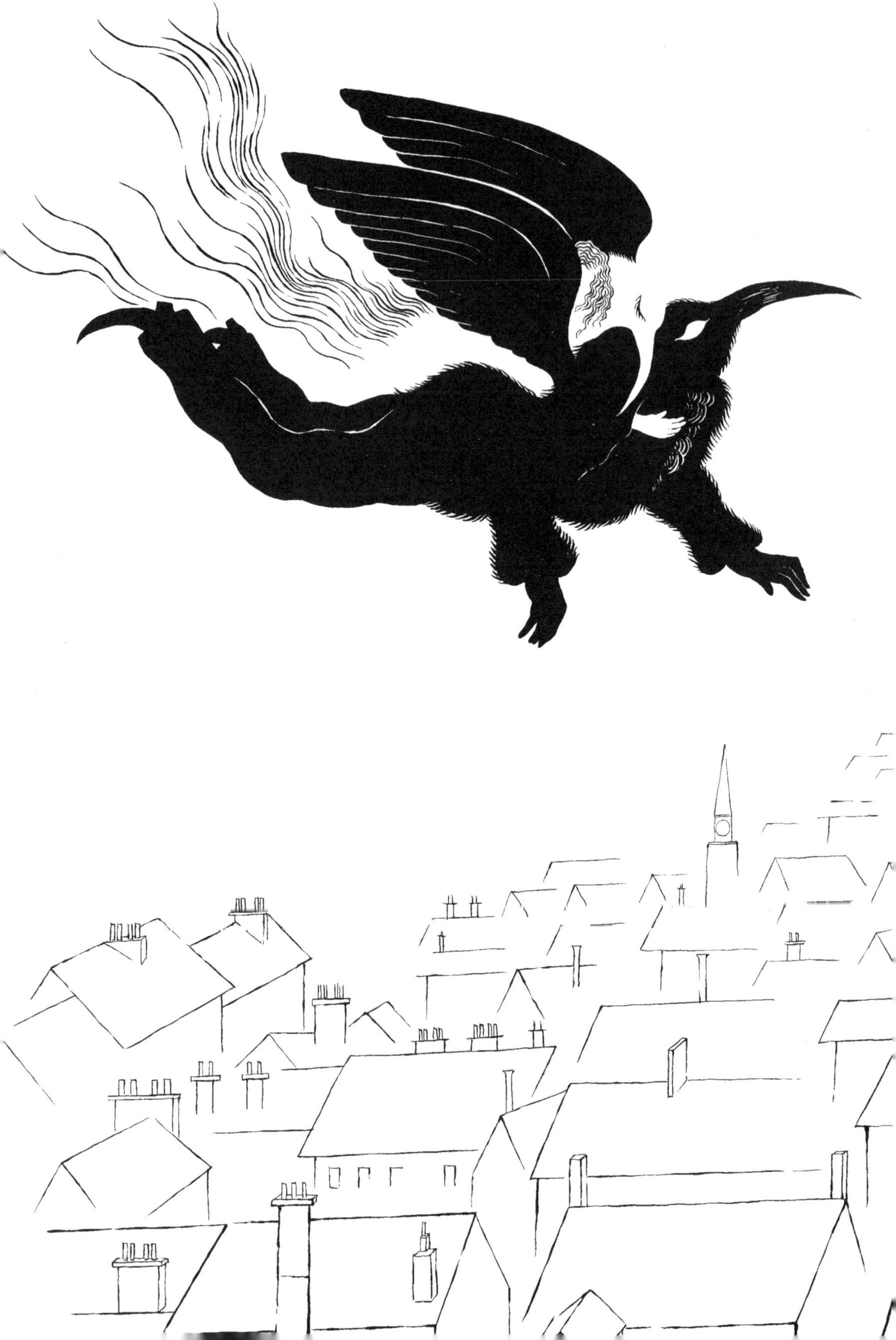

定不如说果决，与其说理智不如说大胆。

她们不知道他是不是个天才。

但他是她们所拥有的一切。

1839年5月

"他答应每周给我十美元。"埃德加说。

"只有十美元？"茜茜的忧虑表露无遗。

"一天只工作两个小时。他说余下的时间我可以做别的工作，或者全身心投入写作。"

"但是埃迪……钱这么少，我们能做什么？"

"勉强度日。"

"十美元，你发表《阿瑟·戈登·皮姆的故事》时将你贬低到尘埃里的那个男人，只给你十美元？"

那个男人是威廉·伯顿，一名喜剧演员，他拥有两样引人注目的非凡东西：一家剧院和一家名为《绅士杂志》的月刊。

"别忘了，不是他来找我，是我请求他让我担任主编。"

"他不能给你更高的报酬吗？"

"你已经看到他的信了。"他把信搁在桌子上，"他说我奢求得太多，但他对我提供的服务感兴趣。最大的好处是，我会有一个途径发表我的小说。"

"然后那些出版商会拒绝出版你的小说，借口说它们已经发表过了，不会再有销路。"他的妻子责备道，埃德加垂下了头。

"这是我唯一拥有的，亲爱的。没有更多的可能性了。要么接受这个，要么一无所有。我们已经在费城待了几个月。我需要尽早重新开始工作，哪怕是在一个像他那样狂躁的平庸之辈手下。"

"你会高声吼叫着和他决裂，像和其他人决裂那样，你们迟早会争吵，因为观点分歧或者因为你觉得报酬太少。你自己也说了他是一个平庸之辈。"

"我的尊严……"

"我不是在为此指责你。"茜茜用双手捧起他的脸,"我赞同你的勇敢和骄傲。但有时候……"

"尼尔森提议你和他们一起生活的时候,你本应该跟他走,你本应该忘了我。如果你当时走了,现在你会更加幸福,会拥有一切……"

她用自己的双唇封住了他的唇。

"我拥有你。"他们分开了几毫米,她对他呢喃道,"这就是我需要的全部。我爱你。"

那封信还在等待回复。又一扇通往黑暗的门突然敞开,尽管它仿佛有着希望的曙光。

"一个人要走出多少步,才能知道自己是一个人?"埃德加缓缓地低声道。

1839 年

在那狂乱的一年中,他写了多少篇小说?多少冲动,多少不眠之夜,多少无节制的醉酒,多少茜茜的泪水或玛迪的怒火?

他的手快速地抚过稿纸。

《消耗殆尽的人》《艾罗斯与查米恩的对话》《人群中的人》《威廉·威尔逊》,现在再加上他认为独一无二的那篇小说。那样与众不同的小说。

评论家们会如何评价那篇小说?他们会说它像《阿瑟·戈登·皮姆的故事》一样模糊、晦涩又费解吗?他们会将它的风格定义为一种"天才的单调"吗?他们会说它缺乏道德教育意义,故事中的幻想使人压抑,或者近乎噩梦吗?评论家怎么说又与他何干?

他正在创造新的美国叙事文学。

他。

他正在创造这种文学,尽管他仍然过着一种受到压抑又令人压抑的生活,在与他的声誉和名望相冲突的贫困之海上航行。

他已经沦落到了最低贱的境地：因为急需用钱而写作。然而，他那本关于贝壳学的著作[1]成了他最大的成就，甚至出了第二版！这实在令人意想不到，假若不是一个如此严肃的话题，这件事本会让他发笑。

他写完一个故事。写完一个故事。再写完一个故事。

又一个故事，荒唐的伯顿的受害者？

在《绅士杂志》编辑部为伯顿工作的最初两周里，他们已经发生了第一次争吵。一篇无可指摘又不留情面的文章在发表前被撤下了，因为杂志社的所有者认为它太大胆。那是第一次审查。接下来的审查像持续不断的降雪一般冷峻。伯顿拒绝为他的小说付稿酬。他说发表这些小说就已经是给他的酬劳，因为他得到了宣传。他新近涨至十二美元的薪金已足够了。所以……要么免费发表，要么失去让这些小说为人所知的机会。

他的手写完了这篇小说的最后几行。

手在颤抖。

每次写完一个故事之后，他都会感到空虚，干涸，身心交瘁，精疲力竭，因此他只想着用喝酒来克服那种近乎疯狂的激动。

最后几行。

> 接着是一阵久久不息的骚动声，听起来就像是万顷波涛在汹涌咆哮。我脚下那个幽深而阴沉的小湖，悄然无声地淹没了"厄舍府"的残砖碎瓦。[2]

---

1 爱伦·坡关于贝壳学的著作是《贝壳学入门》，该书基于英国作家托马斯·怀亚特所著《贝壳学教材》。在《贝壳学教材》出版后，怀亚特意图出版原书的精简版，因出版商担心原版销路受影响，怀亚特只得更改书名，另找出版商出版精简版，他付钱给爱伦·坡，借爱伦·坡的名字出版了精简版，即《贝壳学入门》。

2 出自《厄舍府之倒塌》。

厄舍府之倒塌

在我们最绿的山谷之间,
那儿曾住有善良的天使,
曾有座美丽庄严的宫殿——
金碧辉煌,巍然屹立。
在思想国王的统辖之内——
那宫阙岿岿直插天宇!
就连长着翅膀的撒拉费
也没见过宫殿如此美丽!

但是那邪恶，身披魔袍，
侵入了国王高贵的领地；
（呜呼哀哉！让我们哀悼
不幸的君王没有了翌日！）
过去御园的融融春色，
昔日王家的万千气象，
现在不过是依稀的传说，
早已被悠悠岁月淡忘。¹

1　这两段诗歌出自爱伦·坡1839年所作诗歌《闹鬼的宫殿》，这首诗被坡嵌入同年发表的小说《厄舍府之倒塌》中。

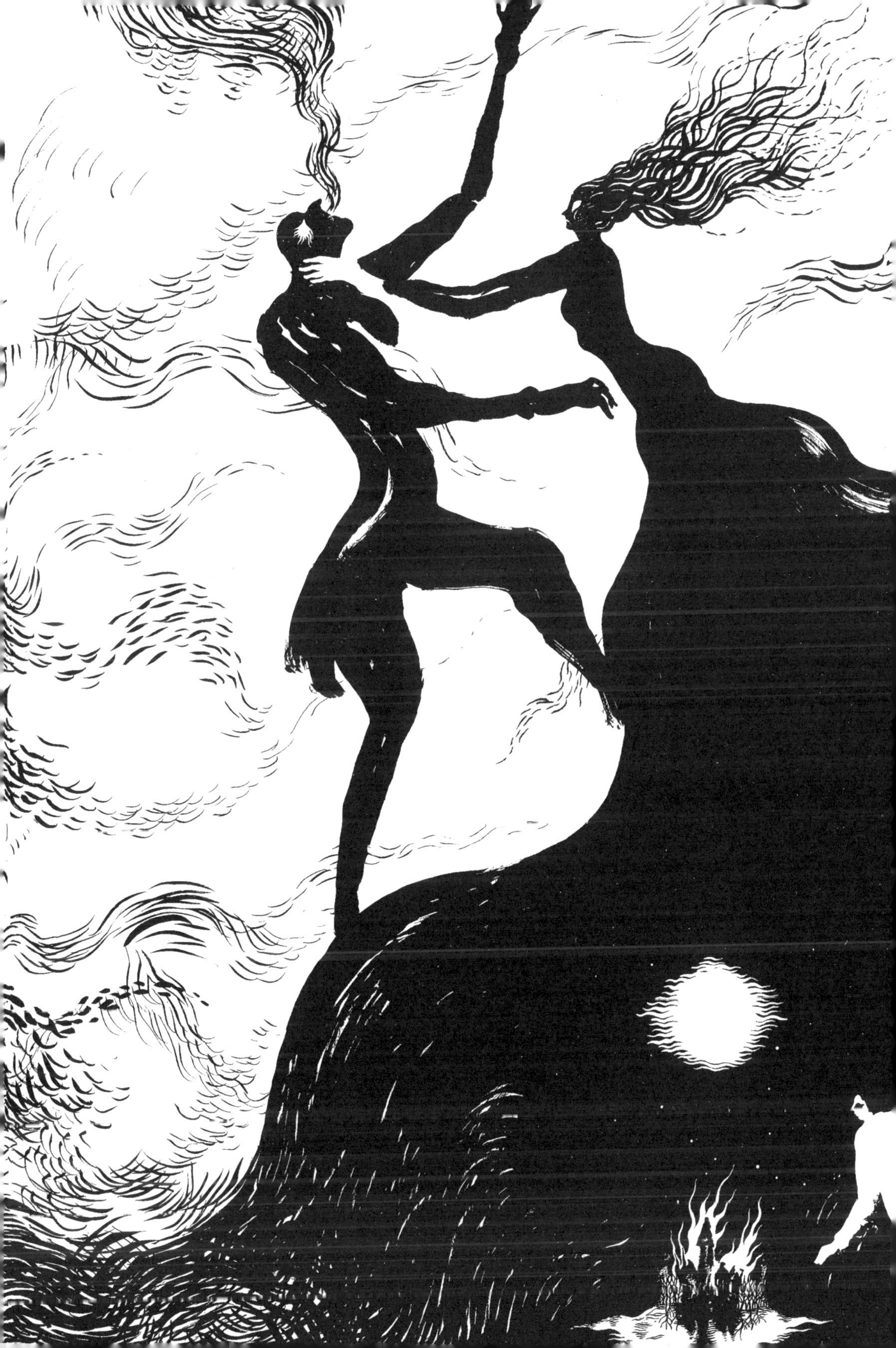

1839年12月4日

两本书在他手中颤抖着。

这是……一个梦。

终于。

他用手指攥紧这两本书,感受它们的坚实。他将它们举到鼻子下,去闻油墨的芬芳。他注视着它们的封面,还有装饰着它们的漂亮书名:《怪异故事集》。最重要的是,他欣赏着他的名字,它印在这两卷概括了他一生的书上,仿佛汪洋中一座不屈的岛屿。

埃德加·A.坡。

二十五篇小说,其中一篇从未发表过。

是的,他的人生就在此处,在他手中,第一次被印刷出来,成为一件真实的东西。

他觉得这天是他生命中最幸福的一天。

印量一千七百五十册。即便全部售出也没有利润。他赚不到任何钱。所有的钱都归属于冒险出版这两本书的出版商。他们给了他几本样书,仅此而已。他保留着他的小说的版权,以便将来再次出版。

但他不觉得自己像个奴隶。

他出版了自己的作品。

1840年

尽管伯顿的办公室门关着,但整个编辑部都能听见叫喊声。

"您不能这么做!"

"您说什么,坡先生?"

"您不能这么做!这不道德!"

《绅士杂志》的出版商从椅子上站起身。

"您想要告诉我什么道德、什么不道德?"

"在这件事上,是的,先生!我以您的杂志主编的身份,也以作家的身份告诉您。您承诺给获得第一名的小说一千美元奖金,另外一千美元奖金分配给其他八个不同的奖项。您这么做是为了提高销量,这是正当的,尽管奖金金额高得过分。现在您不能以参赛稿件质量低为借口宣布所有的奖项空缺。这是不可容忍的!"

现在伯顿与其说是他的上司,不如说是他的对手,他用了十秒钟时间才做出回应。

"您说完了没有,坡?"

"没有!"

"不,我认为您说完了。请您立刻离开我的办公室,回到您的工作中。我付您工资不是为了让您批评我的决定,而是为了让您编辑我的杂志并为它撰稿。当我说'我的'杂志时,我在强调这个'我的',您明白了吗?"

他攥紧拳头。他想揪住伯顿的衣领,给他一拳,向他证明尊严高于恐惧,骄傲高于不公。但经过权衡,他明白如果这样做了,事情会更糟糕:他会再一次失业,还会被送进监狱。

这后果对三十一岁的他来说太严重了,对茜茜和玛迪来说太严重了。

他唯一能做的只有忍耐。

想着他自己的杂志。

因为他明白,他为《绅士杂志》工作的日子已经屈指可数了。

他离开办公室,拿起他的大衣,下楼来到街上。愤怒攫住了他。几天前他也感受过同样的愤怒,当时他的出版商拒绝购买他那两卷书中已发表过的小说的版权,那两卷书最终只发行了七百五十册,比承诺的少了一千册。出版商信中的话在他脑海中像风暴一般回荡着:

您的小说的版权对我们来说缺乏价值。我们出版您的小说仅仅是为了满足您的意愿。我们甚至不期望收回投入的成本。假如您今天向我们提

议出版这些小说，我们会拒绝您的提议。如果您能说服某些人以成本价购买这版书，甚至以小幅折扣价购买，我们将不胜感激。

人一生中能够忍受多少羞辱？

他沿街而下，走进他遇见的最后一家酒馆，因为前面几家酒馆里的人已经太熟悉他了。

1840年6月

他有许多熟人，而不是朋友，因此那个人完全可以被归入熟人这一类。

"坡先生！我刚刚读了您的广告！您看，广告在我这儿！"

那人展开一本《星期六信使》给他看，就好像他还没有看过似的。一整页都用于宣告他的梦想的诞生。文案很简洁："《宾杂志》，文学月刊，近日将于费城发行，由埃德加·爱伦·坡主编和出版。"

"一个非常恰当的名字。"那位熟人继续兴高采烈地说道，"'宾'代表'宾夕法尼亚'，也和'笔'谐音[1]。您真是个天才，我的朋友，我们什么时候能见到第一期杂志？"

他操之过急了，他知道。他没钱吃饭，更没钱给一本月刊提供资金。然而他需要这么做，尤其是在他与伯顿激烈地决裂之后。

"我们正在召集投资者。"他撒谎道，"这则广告恰恰意在制造一种有利的舆论。"

"啊，所有人一定都想投资！"

"您会投资吗？"

"很遗憾，我没有条件做一件这么慷慨的事。"那人的热情语调突然低沉下来，"但您有您的声誉和名望……"

---

[1] 《宾杂志》原文 *Penn Magazine*，Penn 可以代表 Pennsylvania，即宾夕法尼亚州，也和英语中"笔"一词 pen 谐音。

声誉和名望。但没有钱。伯顿解雇他的方式很可耻。最终爆发了一场激烈争吵。然而这个结局不过是一个圈套：当他开始谈论创办自己的杂志的想法时，伯顿已经开始准备出售《绅士杂志》，因此，该死的伯顿将他扫地出门。最后的这桩行径实在卑鄙。

"我打算在这个夏天开展这个计划。唯一确定的是，杂志会在每个月的第一天出版。第一期将在明年一月面世。如果有最初的一千订阅量，剩下的事就会简单许多。"

剩下的就是依靠最出色的作家，还有银行不可或缺的支持。

"但您可别停止写作啊！现在您要在哪儿发表您的小说呢？我尽管有时候很难理解这些小说，但我向您保证我觉得它们很精彩。"

"您人真好。"他准备继续往前走去。

"请信赖您的读者，坡先生！我不能订购您的杂志，但我每个月都会准时阅读它，我向您保证！"

他将那个热情的人甩在身后。

他拥有六个月时间来实现他的梦想。

1841年2月

弗吉尼娅将手搁在他的前额上，他睁开眼睛。

他看见他亲爱的妻子温柔的微笑。

"你今天感觉怎么样？"

"好多了。"

"看上去已经完全退烧了。你可以起来散散步。"

"天气太冷了。"

"重要的是你感到自己有力气。"

他已经两个月没有感到自己有力气了。事实上，这种让他卧床不起的疾病仅仅源自他的意志消沉，他的神经崩溃，还有命运的不断打击带来的紧张状态，命运坚持要毁灭他的所有期盼，让他成为苦难的囚徒。已经渐渐有人开始订阅《宾杂志》了，的确如此，但共和党在总统选举中的胜利，随之而来的经济萧条，以及众多银行的倒闭，这些事件的唯一后果是让这个国家深陷混乱。他将杂志的发行时间推迟到了三月，但他已然明白，哪怕到四月也发行不了。现在他没有别的出路，唯有接受失败，找一份新的工作。

不会有《宾杂志》了。至少一段时间内不会有了。或许几年都不会有。

"我失败了，茜茜。"

"别这么说！"

"我失败了。要不是玛迪，我们现在已经一贫如洗。"

"我不许你这么说。我很清楚我小时候就爱上的那个男人是谁。我们的整个人生还在前方。"

他抚摸她的脸颊，她强忍着不哭出来。

"我现在要怎么办呢？"

"去见那个男人。他向你提供了一份工作，对吗？接受这份工作。"

"然后再次做个主编？"

"为什么不呢？这样你就可以写作，维持你在一流作家中的位置。"

那个男人是乔治·格雷厄姆，《星期六晚邮报》和《匣子》杂志的所有者。他收购了伯顿的《绅士杂志》。《绅士杂志》有三千五百名订阅者，《匣子》有一千五百名，他拥有五千名订阅者，在此基础上能够合并这两本杂志，发行一本新杂志：《格雷厄姆的绅士杂志》。他的想法是把这份杂志打造成当下美国最成功的出版物。他已经联系了埃德加，想让埃德加做他的杂志主编，并发表他的小说《生意人》。

"我一定得第三次做同样的事吗？"他看着妻子，问道。

这个问题无需回答。

另一个选择是死于饥饿，愈来愈深地坠入消沉的黑暗深渊。

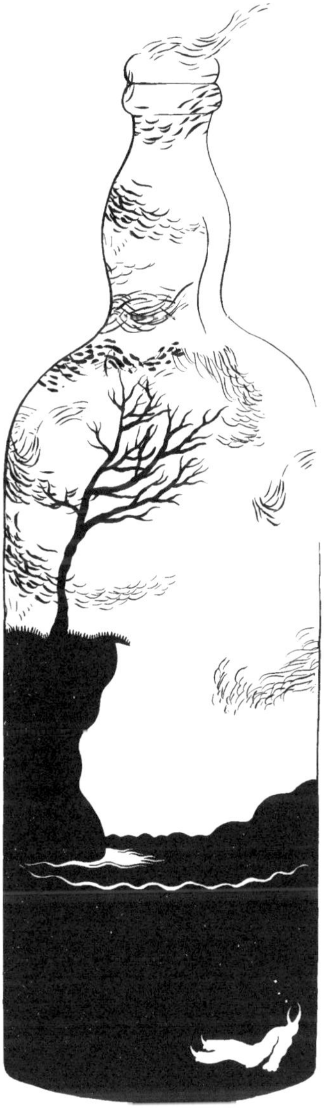

六
茜 茜

1841年12月

这是近年来最美好的一个圣诞节，尽管创办中的《宾杂志》遭遇了失败，但这一年却是他磨难重重的人生中最顺利的一年。

《格雷厄姆的绅士杂志》不是他梦想中的杂志，里面的内容有舞蹈课和钢琴乐理，还有几页时尚专栏，但在他笔下，文学批评和优质文学也闪烁着光辉。仅仅在他接受这份工作后，杂志订阅者的数量就翻了五倍。现在，除了庆祝圣诞，他们还要庆祝订阅者超过了两万五千人。埃德加仍然不具有一般的偿付能力，但至少他的薪资涨到了为伯顿的《绅士杂志》工作时的两倍。作为杂志主编，他每年收入八百美元，此外，作为作家和评论家撰稿也有收入。他将灵魂出卖给了魔鬼，感受到了作为雇佣文人从早到晚工作的恶心，在这之后，他终于能够享有一笔勉强够用的钱。他的家里新买了椅子，这是他事业成功的证明。

他无需不必要的奢侈品。那几把椅子是买给玛迪和茜茜的。

"圣诞快乐。"他说着，举杯祝酒。

"圣诞快乐，亲爱的。"

在玛丽亚·克莱姆满意的目光下，他和茜茜亲吻了对方。然后他们喝下了杯中的酒。几个月前，弗雷德里克·托马斯给他寄来一封信，告诉他说他可能在国家政府部门中获得一个职位，年薪一千五百美元，工作非常轻松。当然，这种好事要看运气。重要的是，到这一年年底的时候，他已经发表了自己最好的小说：《仙女岛》《莫诺斯与尤拉的对话》《大漩涡底余生记》和无与伦比的《莫格街凶杀案》。他震撼和征服了读者，用他的图景、他的情感、他密闭空间的恐怖与他氛围的神秘。

如果1842年也是这样，他至少会再次燃起出版《宾杂志》的渴望。

是的，如果1842年也是这样……

1842年1月20日

在埃德加小小的生日聚会上，科茨街上的这座小房子展现了它最好的面貌。出席的客人很少，但都是精挑细选过的。大家用了餐，聊了天，享受了晚会。现在到了宴会的最后一个环节，也是最欢乐和轻松的环节，弗吉尼娅准备表演唱歌。

她穿着一袭纯洁无瑕的白裙。寿星年轻的妻子仍然有着孩子般的面庞。因为没有子女，她身上没负担，体形未曾走样。她的脸庞柔润姣美，常常让见到她的人为之着迷。在唱歌的时候，她比平日里更添魅力。

她没有勉强自己的声音，旋律自然流泻着……然而……

她先是停止了歌唱，然后将一只手举到喉咙处。最后，从她指尖流出血来，血滴由她的双唇、下颌和手上滑落，用一种暴烈的、戏剧性的红沾染了她纯白的衣裙。

这个景象让她受惊昏倒过去，埃德加没能及时扶住她。

"茜茜！"

聚会变成了一场悲剧。埃德加将她抱到卧室中。在场的众人惊恐之余，立刻得出了一个令人担忧的判断，甚至无需医生在场。

"我去找医生！"埃德加喊道。

他出门来到街上。这天下过雪。当他的身体感受到冰冷的气温时，他禁不住哆嗦，开始沿街跑去。他走进米切尔医生的家，几乎达到了极度的焦虑。

"看在上帝的分上，您快跑，快跑！"

医生跟在他身后跑起来，提着医疗箱穿过积雪，到达坡一家的住所时，他气喘吁吁，连几句含糊的话都说不出来。

"她不会有事的！她不会有事的！"埃德加恳求道。

但他拒绝说出的那个词已经成为她命运的一部分：肺结核。

医生在沉重的静默中为她做了检查，当沉默被打破时，玛丽亚·克莱姆哭了起来。

1842年3月

在当下最受欢迎的英国作家面前，他战战兢兢。查尔斯·狄更斯年仅三十岁，他的《雾都孤儿》却已是上千个家庭的枕边书。这本书被人高声朗读或默读，因它的音乐性和风格而震撼人心。作为自我介绍，埃德加给狄更斯寄去了他的两卷本小说集和他给狄更斯的作品《巴纳比·卢杰》写的评论。狄更斯的回应很热情。现在，两人终于面对面了。他们彼此在对方身上认出了自己。

"我为一个问题感到担忧，因为这个问题，我们作家将永远迷失在那些无耻之徒和那些认为艺术不值得一丁点报酬、应该免费的人手中。"埃德加说。

"我明白您指的是什么，我也经受着同样的处境。"英国作家赞同道，"我的作品在美国出版，我收不到任何报酬，出版商们却能发财又不受惩罚。因此，您的作品在英国想必也出现了同样的情况。"

"您可以和您在伦敦的出版商谈一谈我……"

埃德加从狄更斯的话中隐约看出了一丝希望。

"我很乐意这么做，我的朋友。您的作品很有价值，尽管我什么也无法向您保证。"

"我向您保证，我会在美国奋斗，让国会提出一项保护我们权益的法律。"

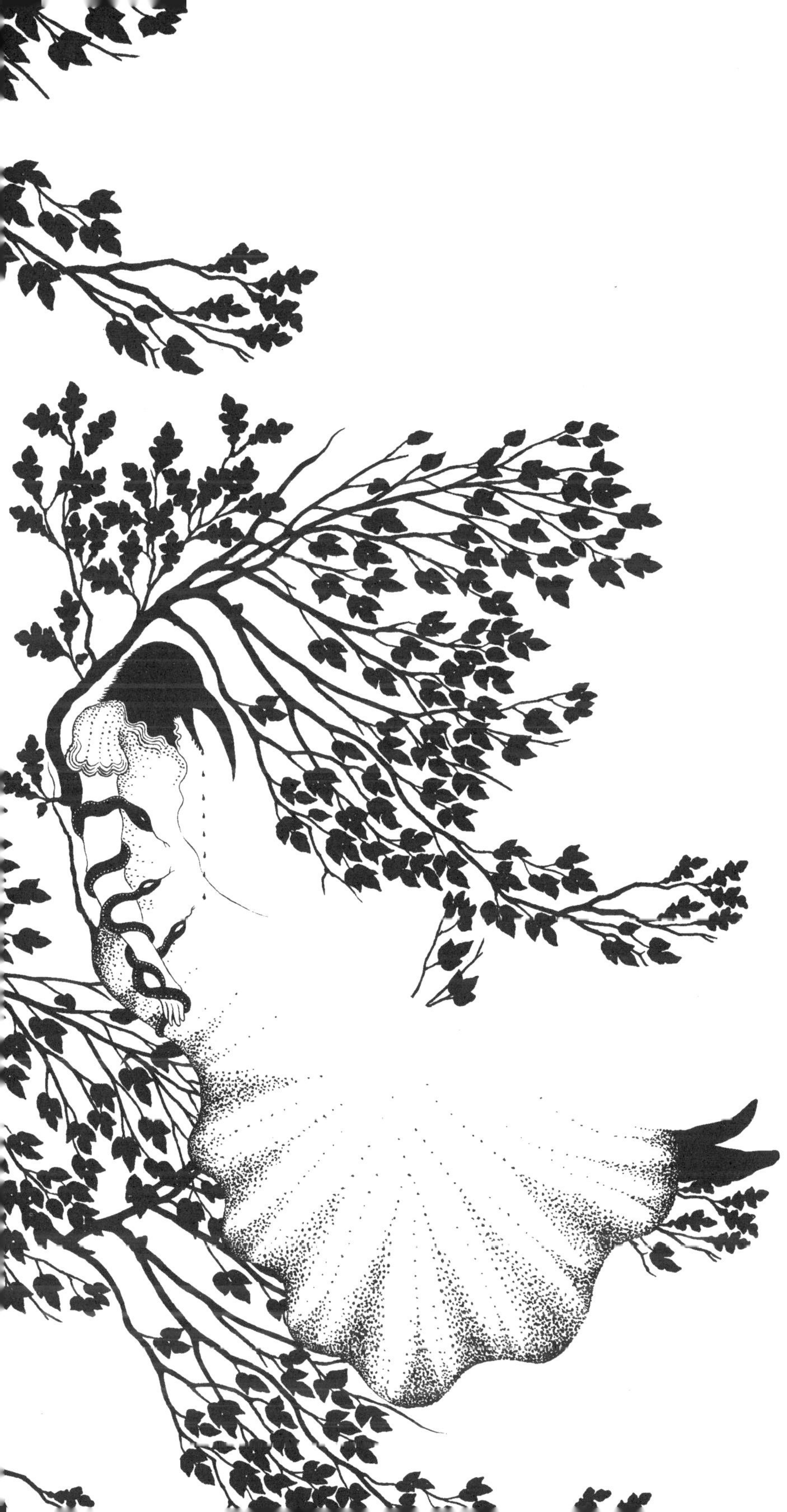

他们继续交谈。他们互相理解。埃德加尊敬他的同伴的天才，而狄更斯欣赏这位黑衣男子的优点和热情，埃德加的短篇小说对他产生了影响，尽管他也发现埃德加拖着几条充满绝望的无形锁链。

这一天晴朗宜人，预示着一个温暖的春天。

1842年5月

他做出了决定。这意味着回到贫穷中，但他做出了决定。考虑到茜茜的身体状况，他试着用尽可能温和的方式告诉她。

"我要离开杂志社。"

"为什么？你和格雷厄姆先生吵架了吗？"

"没有，他是个绅士。我不能抱怨他给我的待遇。我这么做是为我的精神健康着想。我感到自己无法继续做这本杂志的主编了，这本杂志发表那些没有意义的爱情故事，关于时尚的可怕插图——我是带着轻蔑说出'时尚'一词的，还有糟糕的乐谱。我的名字不能和这种荒唐可笑的东西联系在一起。"

"但你自己说过，杂志订阅者的数量今年将达到四万。"

"会达到的，喜欢那些玩意儿的人很多。这不意味着我准备好了要毁掉自己的名声。"

"那我们要怎么办？"妻子的脸上显出深深的沮丧。

"我会请求格雷厄姆先生允许我继续为杂志撰稿，给我的文章付稿酬。"

"没有任何保障？没有固定薪水？"

"正是这样。"

"埃迪，看在上帝的分上……你真是疯了。"

他想要拥抱她，却感觉自己做不到。自从她被诊断出肺结核后，他对她迷狂的深情变得更加强烈，却也更加痛苦。

"听我说，我会去申请一个在海关部门的职位。我能够得到这个职位。这个职位薪水更高，工作更少，我会有更多的自由，能够专注于我的作品。我会给托马斯写信。"

"但这种事取决于政治局势。"

"你觉得我不明白吗？我是个辉格党人[1]，和他们一样。"

"如果你认为可以做到，那就去做吧，亲爱的。"她说，像往常那样让步了。

"亲爱的，原谅我……"

"我爱你，埃迪。"她费力拥抱他。

埃德加将目光转向放在小桌上的这个月的《格雷厄姆绅士杂志》样刊。他的小说《红死病的假面具》在那些平庸的内容中显得尤为突出。他宠爱的猫儿卡特丽娜，这一刻仿佛在阅读这篇故事。他闭上眼睛，让他的茜茜爱抚他。

1842年9月

这位官员名叫史密斯，是海关的负责人。埃德加努力不让自己的紧张表现得太明显，试图抑制住他最近几周经历的焦躁不安，在这几周里，弗吉尼娅又犯了一次病，而经常困扰他的一种病让他卧床数日。

他们的新家在斯普林加登，比在科茨街的旧住所简朴得多，生活不稳定的情况因此更加明显。

"我名叫坡。埃德加·爱伦·坡。"

这位官员没有露出任何表情。

"我是总统[2]的儿子罗伯特·泰勒的好友。我来这里是为了海关的那个空缺职位。这几天报纸上出现了一个令人遗憾的错误……"

"泰勒总统的儿子的朋友？"史密斯先生想确认清楚。

"正是。"

1　辉格党人是当时对美国共和党人的称呼。——原注
2　指美国第十任总统约翰·泰勒，任期为1841年至1845年。

红死病的假面具

就在这种隔离生活的第五个月或第六个月将尽之时,也就是墙外的瘟疫最猖獗的时候,普洛斯佩罗亲王为他的一千名追随者举行了一场异常豪华的假面舞会。

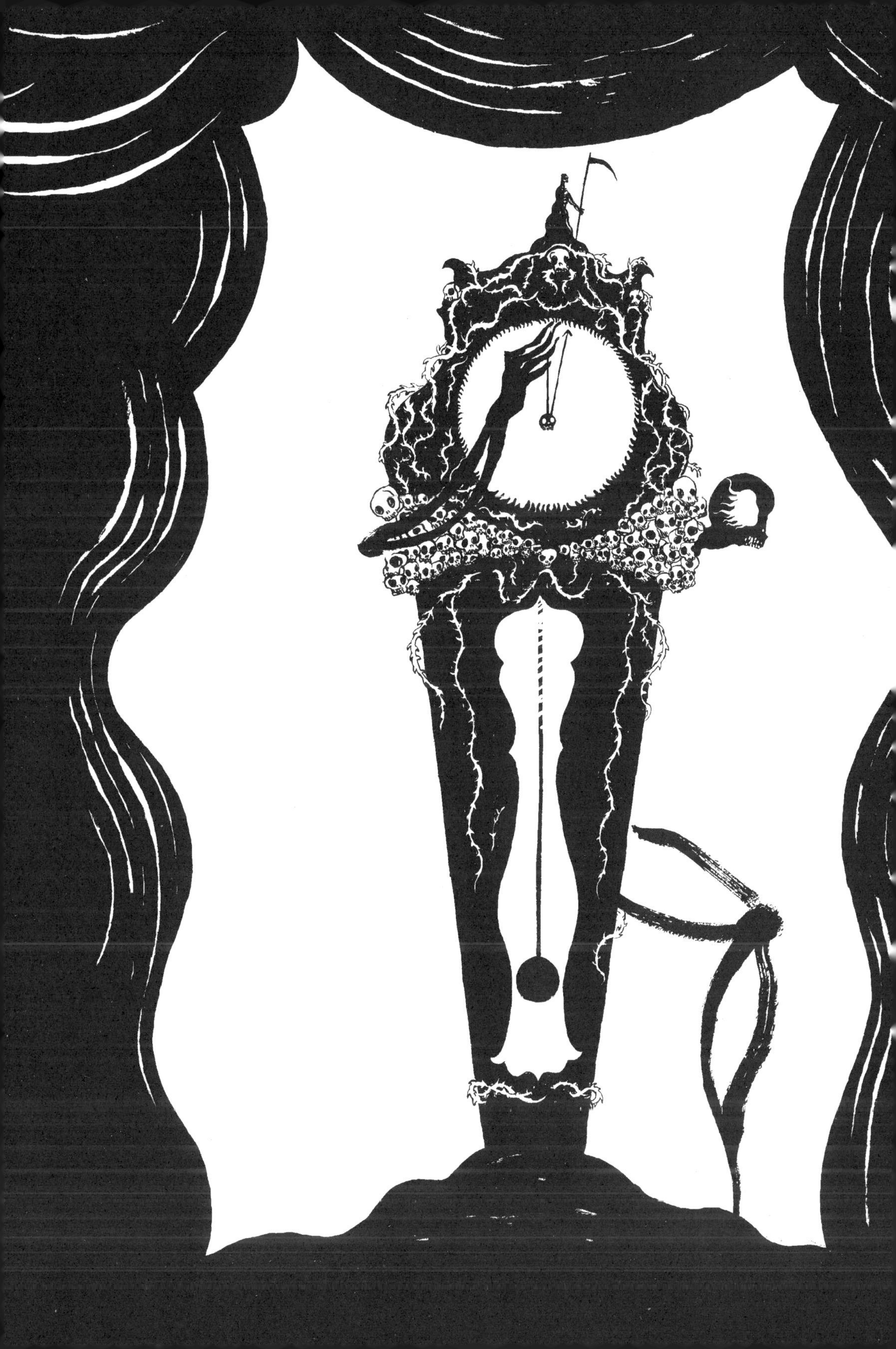

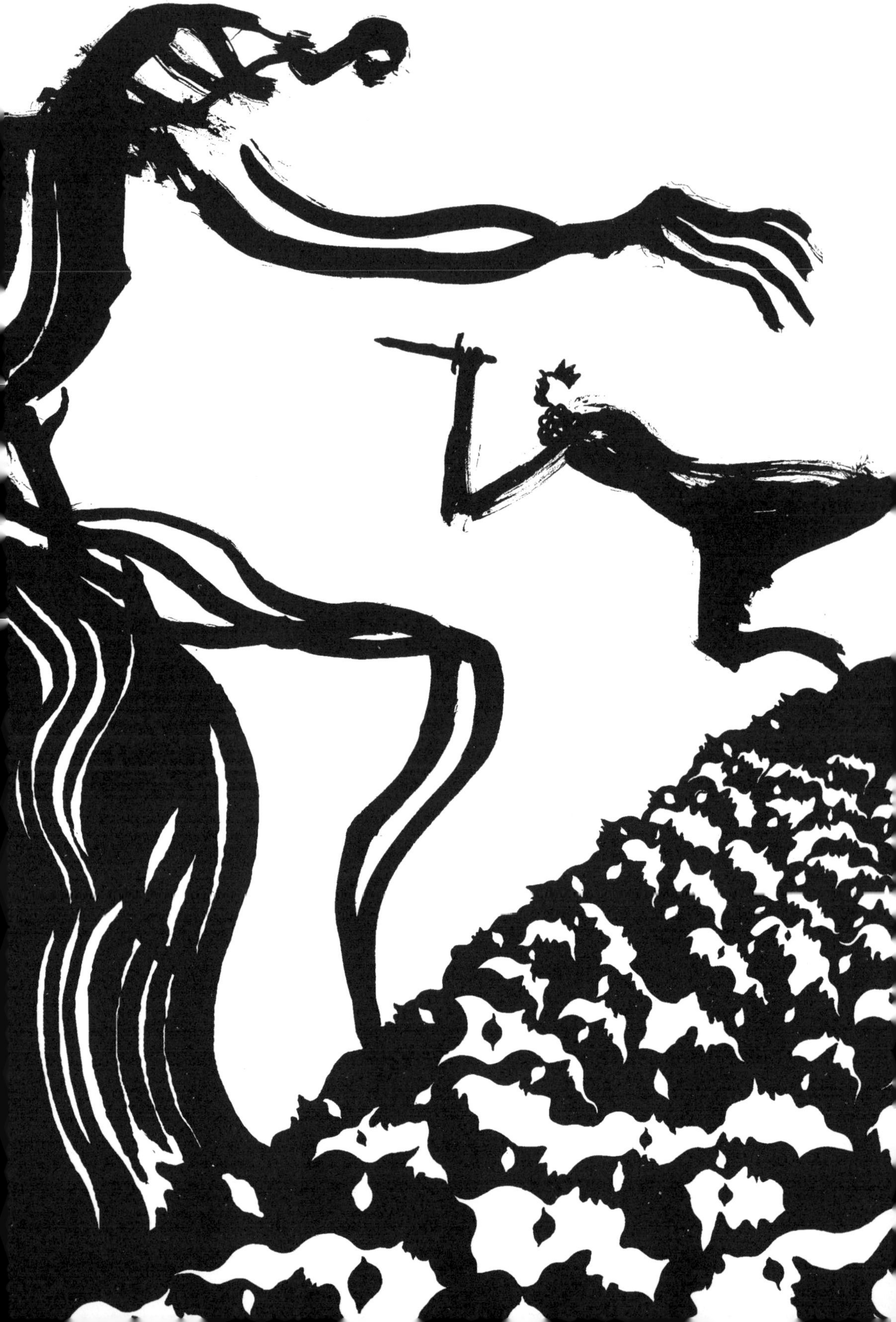

这下红死病的到来终于被承认。它就像一个小偷趁黑夜溜了进来。

史密斯想必不喜欢这个消息。

"您说报纸上出现了一个错误？"

"公布了四项任命，其中一名受任命者是坡格先生。我已得知这位坡格先生并不存在，由此推断出指的是我。一个常见的错误。'坡'错写成了'坡格'。"

史密斯先生没有立刻作答。

他仍然注视着埃德加，面无表情。

"我不清楚这个错误的根源，坡先生，但我向您保证，您与海关最近的这些职位任命决议毫无关系。"他的声音变得凌厉，"您肯定是罗伯特·泰勒的朋友，我对此并不怀疑，但我这里有一封总统的信，信中命令我不再任命其他人，关于这件事我能告诉您的就是这些。"

埃德加努力控制住自己。

那个男人大概根本不知道他是谁。

他已经一无所有，连最后的一丝希望都没有了。

"感谢您宝贵的时间，先生。"他向史密斯先生告别，颇有绅士风度地鞠了一躬。

1843年

"坡，坡，坡！"格里斯沃尔德朝天空举起双手，这个男人接替埃德加做了《格雷厄姆绅士杂志》的主编，"您不知道您正在自掘坟墓吗？"

"难道为了生存，我必须放弃我的原则吗？"

"我钦佩您的原则！但您的原则和您的真实身份相冲突：您是一位作家。人们因为您的作家身份尊重和钦佩您，但您的另一个自我是批评家，这个身份不顾一切，让您收获的敌人比朋友更多，您要当心：我们谈论的是非常强大的敌人！"

"我不依靠我的小说谋生，而是依靠为报刊撰稿谋生。"

"您撰的稿肯定翻了几倍,因为您正在给现今的所有报刊寄去文章。"

"您知道我无法靠在《格雷厄姆绅士杂志》做校对员的薪水生活。"

格里斯沃尔德从写字台上拿起一封信。

"这是您的好友保尔丁寄来的。"

"是的。"他承认道。

"他请我让您克制您的文笔。他说您分析深刻,品位高雅,但并不是所有作者都是天才,他们不应该受到您这样的蔑视。您不能在写作的同时严厉地责难其他人的作品。这不道德!人不能同时处于河的两岸。您嘲笑沃德,他是纽约最富有的人之一,您称他为不入流的蹩脚诗人,对他出版的杂志也冷嘲热讽。"

"那本杂志贬毁我所做的一切。"

"您是为了报复他才这么做?"

"不是。沃德先生在侮辱诗歌。"

"您将《泄密的心》寄给波士顿的一家杂志社,被拒稿了。您最近将它发表在第一期《先驱者》上,但《先驱者》仅仅发行了一期就关门了。许多地方都对您关上大门。看在上帝的分上,请您告诉我,您还剩下什么?"

"《泄密的心》是个好故事,是我写过的最好的故事之一。波士顿的杂志拒稿是因为那儿的人蔑视我,正如我蔑视他们一样。"

"我再问一遍,"格里斯沃尔德耐着性子说道,"您还剩下什么?"

人们告诉过他,格里斯沃尔德憎恶他,他得当心格里斯沃尔德,这个人故弄玄虚、心怀叵测、报复心重。也许他应该听他们的。

"我会重新考虑创办自己的杂志。"他肯定道,"这就是我剩下的,格里斯沃尔德先生。"

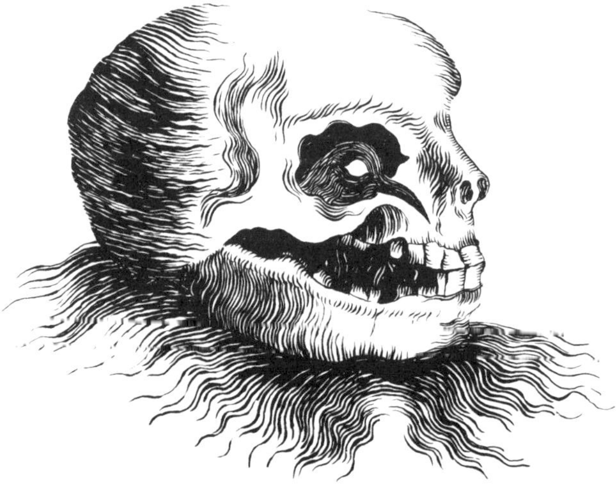

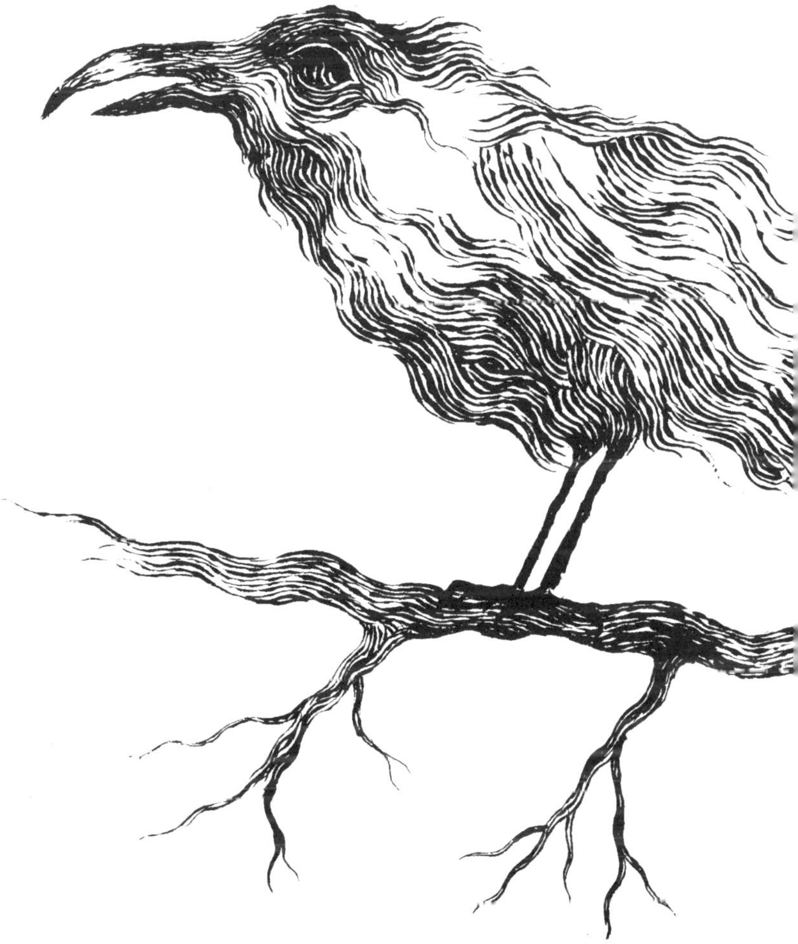

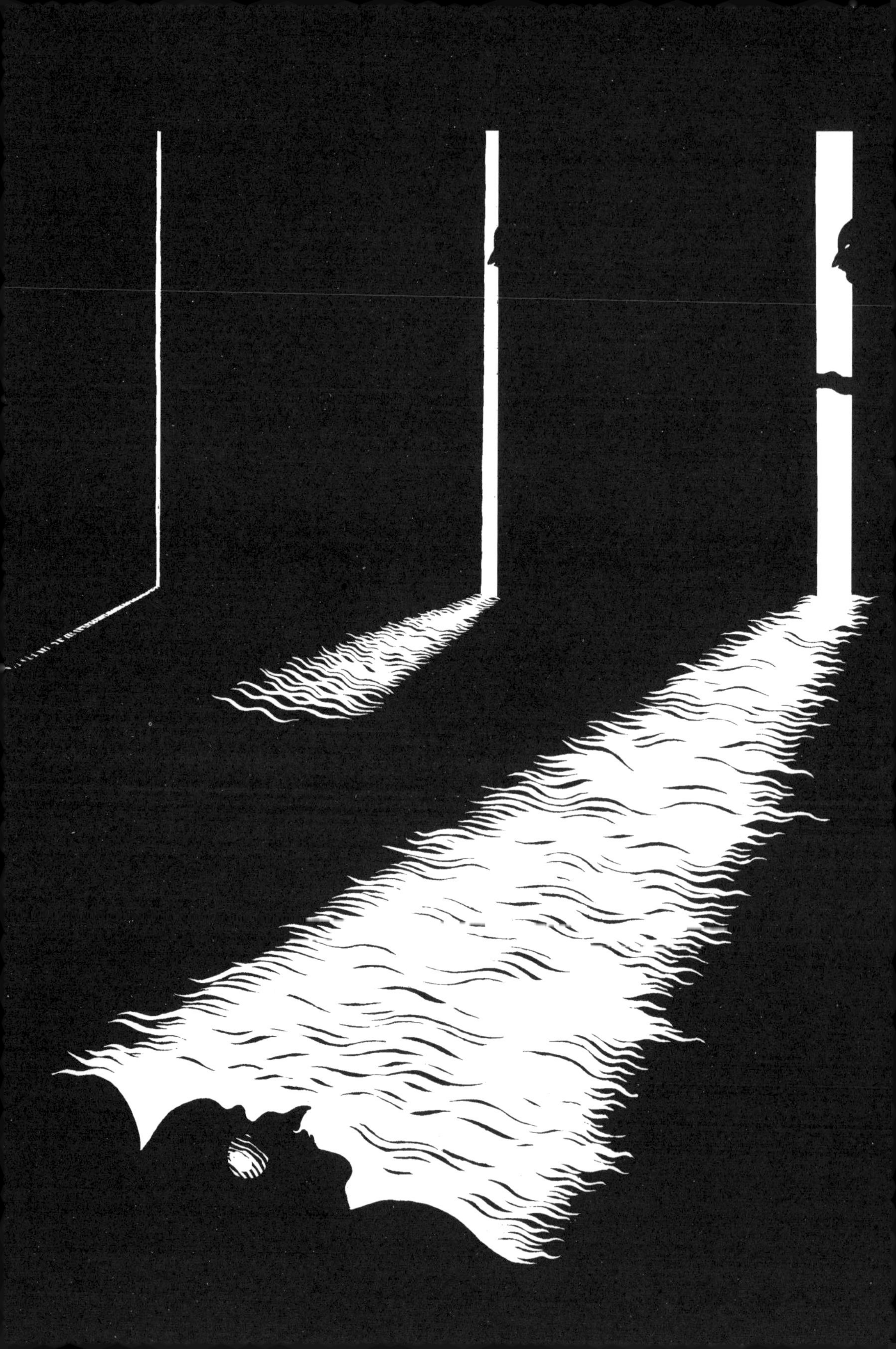

泄密的心

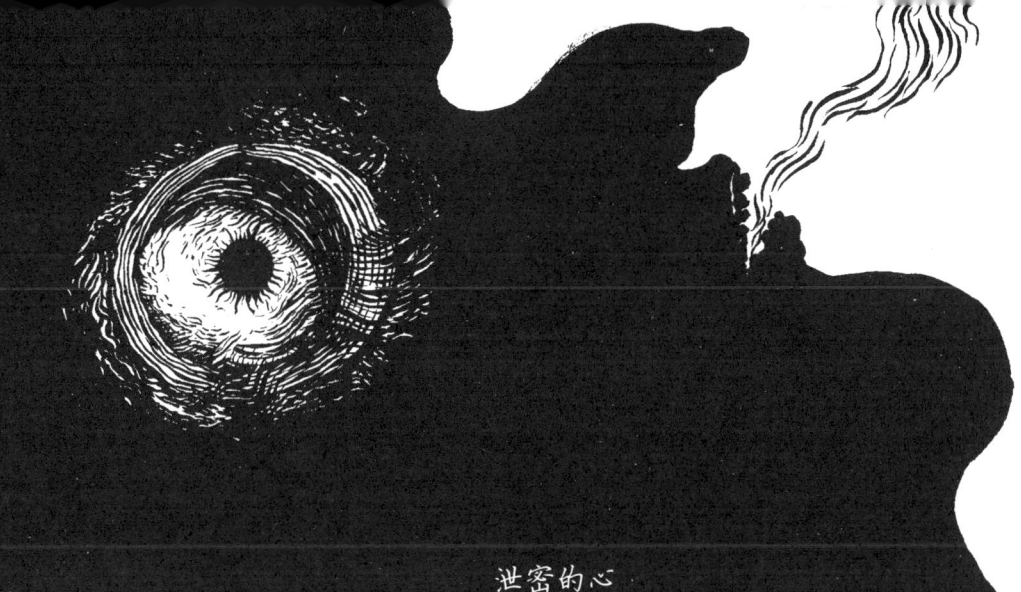

与此同时,那可怕的心跳不断加剧。随着分分秒秒的推移,那颗心跳得越来越快,越来越响。那老人心中的恐惧肯定已到了极点!我说随着时间的推移,那心跳的声音变得越来越响!

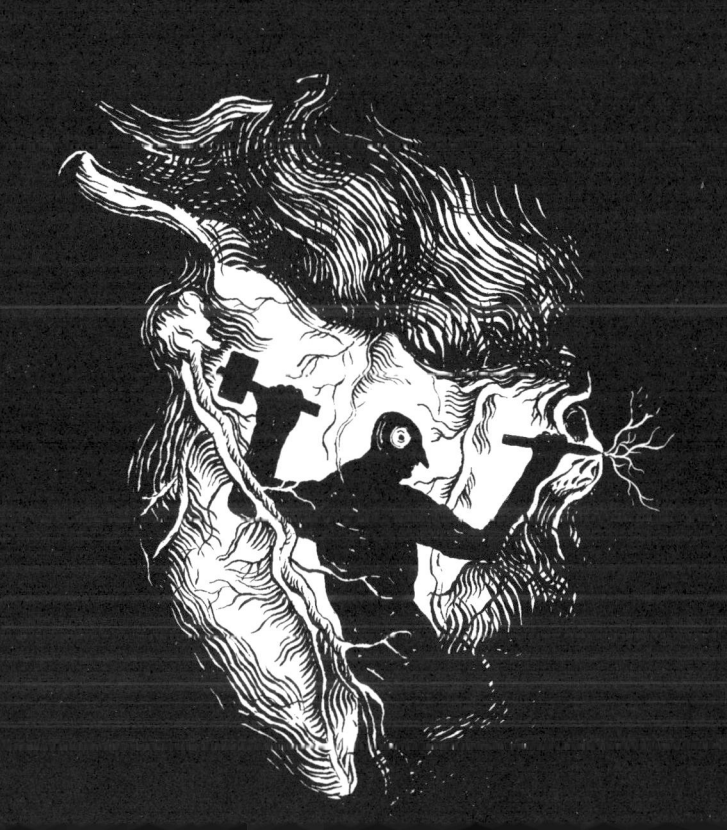

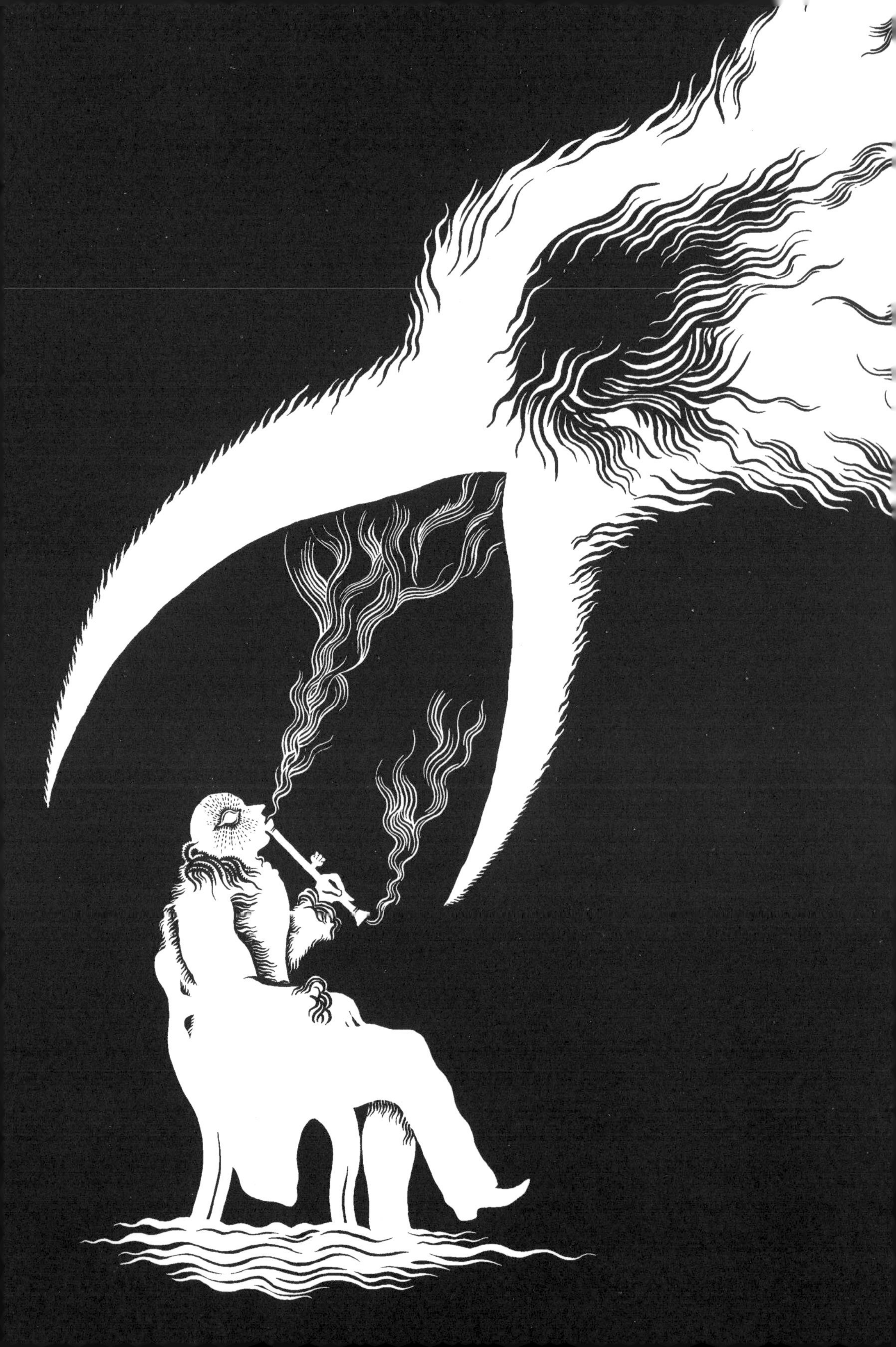

第三部分

但那只乌鸦仍然在骗我悲伤的灵魂露出微笑,
我即刻拖了张软椅到门边雕像下那乌鸦跟前;
  然后坐在天鹅绒椅垫上,我开始产生联想,
浮想连着浮想,猜度这不祥的古鸟何出此言,
这只狰狞丑陋可怕不吉不祥的古鸟何出此言,
  为何对我说"永不复焉"。

——《乌鸦》第十二节

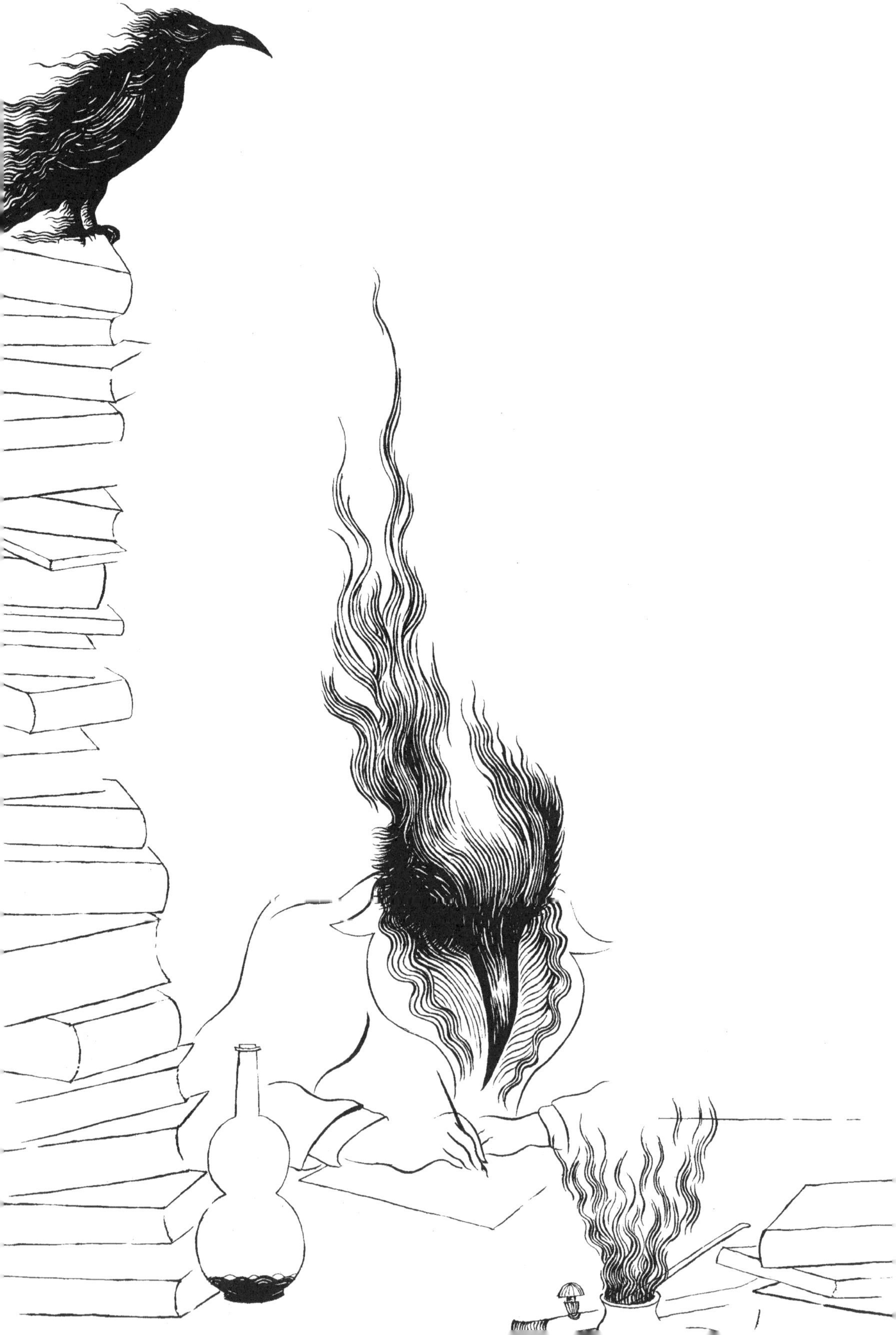

七
华盛顿

1843年2月

也许他们说得对。

也许他尖刻的评论在他脚下挖出了一个深坑，他所有的文学梦想，以及他期望从中赢得的荣耀，都将埋葬在这个坑中。

可是，他怎能甘于平庸？

比起放弃做自己，他宁愿陷入贫困中，贫困已经离他越来越近，延续得越来越久。

他唯一的出路是创办一本完全属于自己的杂志。

不是《宾杂志》。是一个更好的方案。更加精英化。更加兼收并蓄。目标受众是这个国家的"知识阶层"。

《铁笔》。

"我会为杂志的发行提供资金，坡。您知道我相信您。"

托马斯·克拉克是费城报刊界的资深人士。他创办了《星期六博物馆》。有他作为盟友，就好比一只脚踏进了功成名就的天国。但他还需要更多。

"我的朋友弗雷德里克·托马斯可以在华盛顿帮助我们。如果那些显要的政坛人物都订阅我们的杂志，这本杂志肯定会取得成功。"埃德加赞同道，洋溢着乐观精神。

"那么您还等什么？您去华盛顿吧。但在那之前，请您好好看看这个。"

克拉克递给他一本《星期六博物馆》。封面上是他，埃德加·爱伦·坡，上面有他的小传，配有一幅铅笔画，画上的他上唇没有胡子，长长的胡须覆盖了下巴，像国王一样坐在一张桌旁的扶手椅上，手肘撑在两本书上。毫无疑问，是个高贵的姿势。

他忍不住笑起来。

"是什么让您这样大笑，我的朋友？"克拉克奇怪地问。

"我真有这位漫画家画的这么丑吗？"

1843年3月

他感到自己被一阵炽烈的激情攫住了。他第一次确信他的命运掌握在自己手中。有他的名声作为旗帜，他唯一需要做的是用他的魅力迷住华盛顿。

啊，他的魅力……

弗吉尼娅审视着他的外表。

"看起来很得体。"她叹息道。

"确实很得体，你放心。"

"我不放心。你刚刚才开始赚到钱。如果你什么也没有，在那里要怎么办？"

"茜茜，"他说着，将她拥入怀中，"你没有读过托马斯的信吗？他们会隆重地迎接我。总统的儿子会在白宫接见我，甚至总统本人也会接见我。我也会发表演讲。我不认为我需要更多的钱。这将是一场凯旋巡游。我将为《铁笔》赢得许多订阅者，第一期杂志将会达到前所未有的发行量。"

"埃迪，你很紧张。"

"茜茜，我觉得我与自己一直以来梦想的一切仅有一步之遥。"

"那么你为什么坚持要得到海关的那个职位？"

"为了得到一份体面的薪水作为保障，亲爱的，有了这样一份轻松的工作，我就能把心思放在《铁笔》上。我需要忘记金钱，专注于我的工作和我的杂志。"

"埃迪，答应我一件事。或者说，两件事。"

"我答应你。"

"你还不知道是什么事呢。"她说，露出悲伤的神情，"第一件事，你要克制你的脾气，保持自我的平和，知道如何适应场合。"

"我答应你。"

"第二件事，你不能喝酒。"

他仿佛遭到当头一棒。他心爱的茜茜怀疑他，这让他感到受伤。他试图维持尊严，但这痛苦让他无法忍受。

"求你了，亲爱的。"她坚持道。

"我不会喝酒的。"他答应道，与其说严肃，不如说忧虑。

"那么，我的心将与你同在。"

1843年3月12日

杰西·道仅仅犹豫了一瞬。

接着，他开始动笔给埃德加·爱伦·坡的赞助人托马斯·克拉克写信。

尊敬的先生：

　　我认为我有义务紧急给您写信，告知您关于我们共同的朋友E.A.P.的情况。他几天前到达了华盛顿。第一天晚上，在不得不喝下波尔图葡萄酒后，他看上去有些激动。第二天他表现得较为正常，但后来不时变得让人完全无法忍受。他在那些人面前出了丑，他们可能在总统面前严重损害他的名誉，从而阻止我们完成我们想做的事。他不理解政坛人士的思想方式，也不懂得如何从他们那里得到好处……

信里措辞过于温和了吗？事实是，作家当众喝醉了，他不得不请理发师赊账给他刮胡子，他的态度使得所有大门都对他关上，显然也包括白宫的大门。前一天，他已经给克拉克写过信，请克拉克给他寄去十美元救急。

道是一位记者，也是坡的事业的支持者。坡在华盛顿的导师弗雷德里克·托马斯意外患病，因此他将作家完全托付给道照料。事情很快就脱离了道的掌控。

怎么能控制住一场飓风？

怎么想象得到，仅仅一杯波尔图葡萄酒就能让一个人喝醉？

道的思绪回到信上，开始继续写。

> 我完全清楚自己的严重责任。坡先生具有最高层级的智慧，我无法忍受那些像开口的牡蛎一样喝掉所有酒还能保持清醒的蠢货们把他当作消遣。

只剩下最糟的事：请托马斯·科特雷尔·克拉克把埃德加·爱伦·坡接走，或者向坡发出指示，让他安然无恙、清醒理智地回到家中，他的华盛顿之行是一场失败，他在这里永远不会发表演讲，不会见到总统，也不会收获《铁笔》需要的订阅者。

1843年3月末

有时她那样憔悴，看上去已经濒临死亡。有时候她又开始康复，死亡将近的想法仿佛只是一个玩笑。她所有的青春之美与她的温柔同时凋谢，她对生命和对他的爱却表现得愈加灿烂。埃德加注视着她。

对抗可悲的、永远被该死的贫穷的幽灵纠缠的人生，只依靠天才就够了吗？

难道他没有在想成为商业作者的时候成为商业作者吗？正如他试图用《金甲虫》赢得一百美元奖金。

所有人一致认为，这篇小说达到了史蒂文森的《金银岛》的高度，在别的情况下,这篇小说将会成为美国少年儿童的必读作品。

别的情况是什么情况?

在他不是一个受诅咒的作家的情况下吗?

在写《莫格街凶杀案》的时候,他深信逻辑推理在未来将会成为打击犯罪最有效的武器,他将作为侦探小说鼻祖被世人铭记。在同种的程度上,《金甲虫》为神秘冒险小说开辟了另一条非凡的道路。

总共有大约三十万份报刊发表了他的这篇小说。

"我会发表演讲。"他突然开口道。

弗吉尼娅微微睁开眼睛。

"他们会为你的演讲付钱吗?"

"正是要让人付钱。我应该好好利用《金甲虫》的成功。至少发表演说是一份正当的工作,我可以表达自己的想法,无需把灵魂出卖给魔鬼。"

她依然相信他。她从未停止过相信他。

"那你就不得不外出旅行。"

这意味着抛下病重的她,留她独自一人,与她的母亲相依为命。

"我只发表必要的演讲。"他承诺道,"一场也不多讲。"

如果不是因为《金甲虫》获了奖,这一年会极其艰难。因为经济问题,克拉克撤回了对《铁笔》的资助。不久后,一位出版商出版了《莫格街凶杀案》和《消耗殆尽的人》,作为一套新的流行小说丛书的第一卷。尽管十二美分的价格低得可笑,那套丛书却也没能出版第二卷。最终,在他倒霉的华盛顿之行后,他渴望得到海关职位的企图也失败了。那个不吸烟、不饮酒的正人君子克拉克,任由《星期六博物馆》发表了一篇抨击埃德加的文章,这篇文章在其他杂志上也引发了回响。他最大的收益是向格里斯沃尔德要来的五美元,这个男人接替了他在《格雷厄姆绅士杂志》的职位。他对格里斯沃尔德声称茜茜生命垂危,他自己也身患重病。

前方的路越走越窄了。

他刚刚写完另一篇伟大的小说《黑猫》，但他感觉自己到了穷途末路。

"观众们会付钱来看我。"他高傲地断言道。

"我每天都看见你，即便如此，我也愿意付钱来看你。"茜茜温柔地说。

1843年年中

观众通常以女性居多，但学生们也会来。他们带着笔记本，为的是记录下他的金句和妙评，以便日后向人重复，或是用在自己的作品里。对文化的渴求总是与好奇心结合在一起。任何人花上二十五美分就能度过一段愉快的时光，亲眼见到一位像他这样充满争议的人物，并从他那里学到东西。

他把讲稿重复了太多次，已经能倒背如流了。同样的巡游，同样的语调，同样的沉默，同样的感叹，为了赢得观众的掌声或期待……

他发现自己成了掌握演讲节奏的大师。在他作为知识分子的声誉和作为争议人物的形象之外，报刊界现在又给他加上了作为演说家的天赋。一个意外发现。崭新的埃德加·爱伦·坡值得崭新的尊敬。

"女士们，先生们……"在第一阵掌声落下后，他开始了他的演说，掌控了他专心致志、默然聆听的观众。

他谈论美国诗歌，用他一贯的尖刻言辞抨击那些假诗人，那些互相追捧的文人圈子，那些像乌鸦一样贪婪、一分钱也不给作者的出版商，那些像市场里的鱼贩一样粗俗的书商。他举出的最生动、耻辱的例子是格里斯沃尔德出版的诗选，尽管里面还收录了他自己的二首诗。在那几周里，他做出了一个深思熟虑的决定。他旅居费城的时期已到了尽头。

他将永远做一个受诅咒的人，他拥有更多渴望看到他流血的敌人，而非愿意赞颂他的荣耀的朋友。

"在开始我的演讲之前，我想给诸位读几首我的诗……"

某种意义上，他最大的成功就在于他的诗歌在观众中，尤其在女性观众中引发的效果。

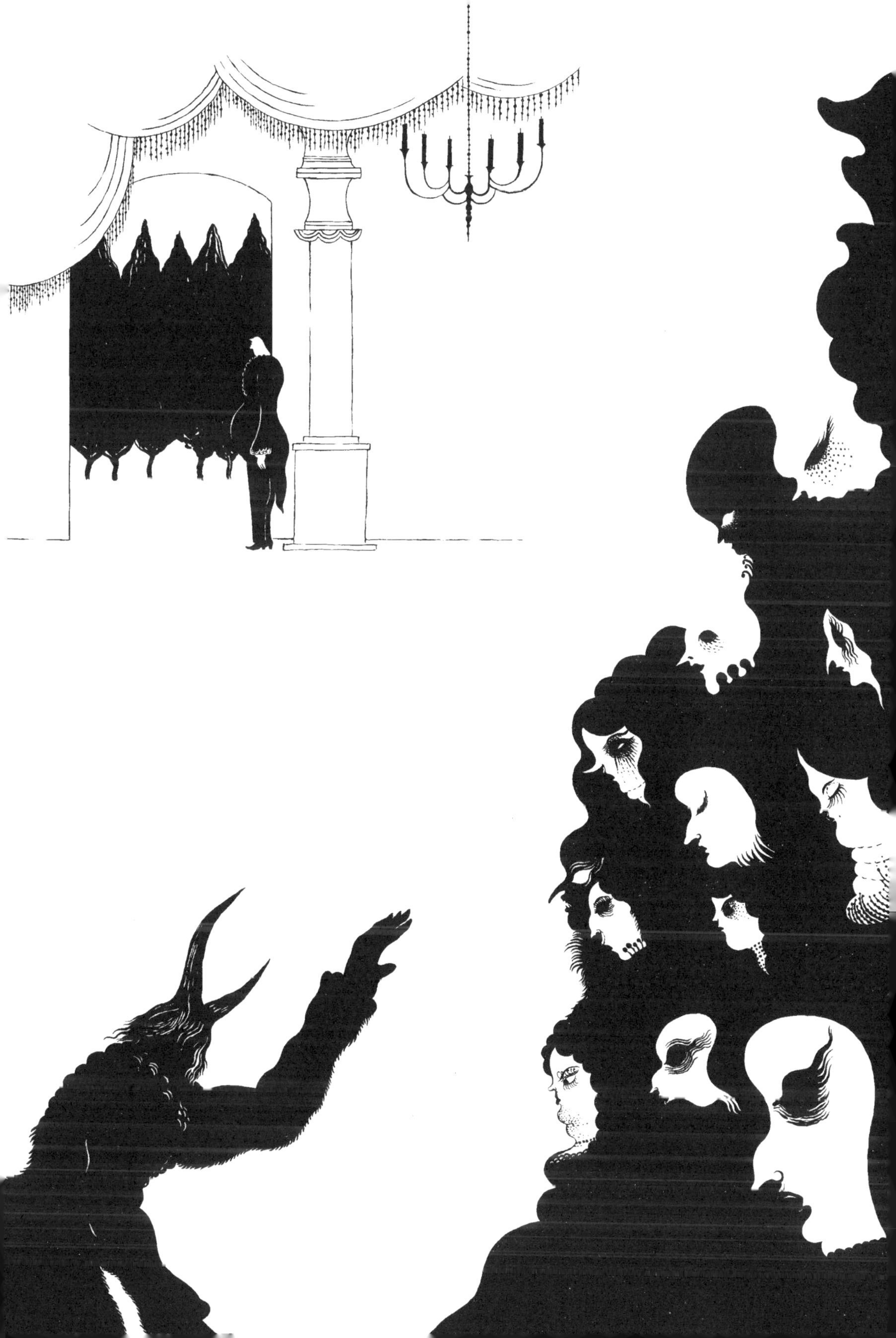

在这里，埃德加·爱伦·坡是大马戏团中央的驯兽人。

1844年4月6日

他们登上横渡特拉华河的渡船，前往卡姆登[1]火车站，乘火车到珀斯安博伊[2]，再从那里完成最后一段旅途，乘汽船到达纽约。这是他们不知第几次在不同的城市和生活中奔波，埃德加紧紧挽着弗吉尼娅的手臂，尽管她自认为精力饱满。当他们安顿下来后，会有两名家庭成员与他们重聚：玛丽亚姑妈和猫儿卡特丽娜。

埃德加的手一直没有离开他的钱包，仿佛它是最珍贵的宝物，他在新城市最初的生活的确要依靠它。钱包里仅有十美元，可以维持两周的生活。

纽约正初露春意，但仍能感觉到最后的寒意的余温。

"这一次我们会成功的。"在曼哈顿的高楼前，他说道，"我们已经准备好了对抗一切，不是吗？"

他最大的希望是戒酒。

弗吉尼娅，他的茜茜，将头靠在他的肩上。

1　位于美国新泽西州，与费城隔特拉华河相望。
2　位于美国新泽西州。

八
纽 约

1844 年 4 月 13 日

激动入迷的人群聚集在《纽约太阳报》的办公室前——这是一家杰出的报社——渴望得到最新奇的消息，尤其是渴望看到人类为追求征服地球而取得的奇迹进展。许多人沉默地期待着，也有许多人对他们看到的新闻议论纷纷，还有许多人抗议新闻详情被延迟到这天的第二期报纸上发表。

第一期报纸已经激起了他们的期待，在头版上用大写字母印着：

三天横跨大西洋

从诺福克[1]传来的查尔斯顿[2]的最新惊人消息！

蒙克·曼森先生发明的飞艇抵达沙利文岛！

为了得到更多消息，第一期报纸邀请纽约人购买第二期。

于是成百上千的读者聚集到这里，都期望自己能最先了解这个有史以来最伟大的壮举。

当卖报人出现的时候，人群便涌向他们。报纸上的消息，连同所有的细节，在整座城市中口口相传。

---

1 位于美国弗吉尼亚州。
2 位于美国南卡罗来纳州的港口城市，下文沙利文岛位于查尔斯顿附近的大西洋海域。

在《纽约太阳报》的一间办公室中，总编看着埃德加·爱伦·坡，毫不掩饰敬佩之情。

"您刚刚发明了轰动新闻报道法，我的朋友。"

"我没有说任何不属实的东西，至少在技术层面上。"他回应道，"蒙克·曼森在1836年完成了旅行，尽管是横跨英吉利海峡。我为跨洋旅行提供了两个确切的数据，并且在细节上非常严谨，为的是让消息看上去真实可信，当然，我添枝加叶了一番，给这场旅行增添了几个旅客。"

"都是您的一些老熟人……"总编说，毫不掩饰语气中的讽刺。

"给那些人一个教训是正当的，请您不要怀疑这点。洛克抄袭了我，至于安斯沃思，我让他成为那篇虚假的飞行日志的作者，只是为了提醒他，他是个骗子。您别忘了，今天您能卖出好几版《纽约太阳报》。"

"我能问您一个问题吗？您为什么向我提议进行这个有趣的新闻试验？"

"我想让所有人都知道，埃德加·爱伦·坡来纽约了。"

"人们会知道的，您可以放心。"总编肯定道。

也许这不能保证他有一份工作，也不能保证他能赚到钱，但他已经准备好了，他征服这座城市的新尝试将会令人难以忘怀。

1844年夏

弗吉尼娅将诗稿还给他，她的脸庞呈珍珠色，仅有眼中的光彩和脸颊上的淡淡血色打破了她包裹在苍白中的面庞的和谐整体。

"你觉得怎么样？"他催问道。

"埃迪，这首诗……"她花了些功夫寻找合适的词汇来表达，"简直绝妙！"

"真的吗？"他说着，挺直了脊背。

"这是你写过的最好的诗！我甚至可以说，这是我这辈子读过的最好的诗！"

埃德加眨了眨眼。

"你不会说……？"

"这是肯定的，你知道！你取得了只有很少人才能达到的成就！"

他欣赏着自己刚刚完成的作品，一行又一行的诗句，一块又一块的诗节。这是终稿，没有任何删改。前一天晚上，他刚刚赋予它最终的一致性。

接着，他抬眼看向新泽西州的陡峭海岸。

也许这里就是那片田园，是围绕着他的安宁平静。他在布伦南一家的家中已经待了几周。帕特里克·布伦南是一位爱尔兰菜园主。每一天，他们会把将要在城里贩卖的水果和蔬菜装载到货船上。布伦南夫妇的孩子们喜欢他们。埃德加每个月都会发表一篇小说，因为卖掉了在费城的家中的东西，他们拥有一点钱。只比从前稍多一点。

这里的环境和气候很适合弗吉尼娅，远离都市，正值盛夏……

"你给这首诗起什么名字？"

他耸了耸肩。这首诗歌写的是一只乌鸦。人无法总是保持独创性。

"《乌鸦》。"他简短地答道。

1844年10月

玛丽亚·克莱姆与其说是担忧不如说是惊慌。每一次埃德加提起重新创办杂志的计划时，她都担心从前的坏日子会带着摧毁一切的重量归来。他们的生活并未进入风平浪静的时期，但至少生活中没有意外的惊吓。最近几周以来，在等待《乌鸦》发表时，她女儿的丈夫不停地谈论着《铁笔》，以及写一部关于北美文学的专著——又一个不可能的、超出他力量的计划。

不仅如此，一位出版商拒绝了出版他的全部作品，即六十六篇小说。这又是一个需要克服的打击。

玛丽亚甚至不清楚她来《纽约镜报》的办公室究竟要做什么。

这家周报的负责人观察着她。她自称为"克莱姆夫人，作家埃德加·爱伦·坡的岳母"。听见她的话时，他感到极其惊讶。

"我来请您为他提供一份工作。"

"在这里？"

"您欣赏他。埃迪……埃德加向我提起过。你们两人之间有过分歧，但互相尊重。您曾在格里斯沃尔德的攻击前为他辩护，您知道他是这座城市里最出色的评论家，也是一位杰出的作家。"

"是您女婿让您来的吗？"

"不，他不知道我在这里。"她谦恭地低下头，"先生，我的女儿患有肺结核，生命垂危，他需要一份工作和稳定的薪水。请别让我苦苦哀求您帮忙，也请不要向他提起我们的这次见面。"

"问题在于，埃德加·爱伦·坡愿意在《纽约镜报》工作吗？"

"请您向他提议来这里工作，先生。我知道他会乐意接受的。"

男人向她伸出一只手。

"我从未想过能够让坡在这里工作，对我来说，尝试请他来完全是一种荣幸，克莱姆夫人。"

"事实上大家都叫我玛迪。"她说，第一次露出了微笑。

1845年2月

这不是《铁笔》，但"几乎"是他的杂志。

生活有时会出现惊喜。

在这两个月里……

"我们从一千册印量开始，但印量很快就会增加，增加很多。"布里格斯愉快地宣布，手中捧着第一本《百老汇杂志》。

一线新的希望，一本新的杂志，他作为共同负责人能得到三分之一的收益……由于印量过少，尚未有利润。但他得到了这一切，没有与《纽约镜报》

争吵，也没有舍弃威利斯[1]的友谊和支持。

"坡，您已经到了巅峰。您的名字和您的作品会让这份杂志引发轰动！"布里格斯说着，挥动着手中的杂志。埃德加三个月前才认识这个男人。

"到了巅峰"。

他任由这种令人不安的感觉包裹自己。

《乌鸦》发表于1月29日，他从未见过如此声势浩荡的宣传。他一向憎恶出版业的宣传机制，这次却利用它来达到自己的目的。诗发表在《纽约镜报》的第一页，署了一个笔名"夸尔斯"，为的是激起读者好奇这般杰作的作者是谁。这种做法起效了。威利斯本人在评论中宣称这首诗是"美国文学中无出其右的杰作，必将在岁月和集体记忆中长存"。美国的众多报纸杂志立刻转载了这首诗，还让这首诗越过大西洋，最终蜚声英国。

纽约拜倒在埃德加·爱伦·坡的才华下。

这段日子里，在茶话会或日常闲谈中，出现得最多的词是Nevermore，在他诗中每一节的结尾重复不休的"永不复焉"。

他终于取得了成功。

这场成功没有带来金钱，但这并不重要。

现在人们纷纷请求他开办讲座，出版他的小说，出席社交场合……

"我们应该为此庆祝！"布里格斯继续兴高采烈道。

1846年1月3日

他的成功已让他变成了一个名人，尽管他仍有批评者，他们从未原谅他的口头攻击和《百老汇杂志》上的书面攻击，正如他们从未原谅他发表在其他报纸杂志上的攻击。

然而他依旧一贫如洗，尽管他开办讲座赚的钱能为他带来一定程度的收

---

[1] 前文提到的《纽约镜报》的负责人。

支平衡。有时候他会自问：假若约翰·爱伦在遗嘱里提到了他，他的生活将会是什么样子？

与朗费罗[1]之间的战争也没能给他带来益处。

朗费罗三十五岁时就成了美国文学界的宠儿，几乎被认为是"国民诗人"。埃德加憎恶他吗？是的。指控他抄袭是对某种体制的攻击吗？是的。在五个星期的时间里，《百老汇杂志》和《纽约镜报》陷入了一场以他们二人为主角的无情战争。整座纽约城都站在一个人或另一个人那边。威利斯作为二人共同的朋友，从一开始就宣布了他的中立立场，尽管他的报刊是朗费罗攻击坡的工具。

然而这场争斗最终偏向了坡的敌人一方。不仅如此，在一场失败的演讲后，埃德加醉酒后侮辱了波士顿人，记者们都渴望报道他的言论。又一场落败的战争。

"你正在让自己名声扫地！"布里格斯警告他，"这也是在让《百老汇杂志》名声扫地。"

查尔斯·布里格斯已经把杂志交到了他手上，让他一生中第一次成了杂志的唯一所有者。杂志只有微不足道的四页，与他理想中的《铁笔》相距甚远。他首先必须让它保持运营。

现在的时机看起来完全不利。新的问题对他紧追不舍。

他在女诗人夏洛特·林奇家中的一场大型晚宴上认识了弗朗西丝·奥斯古德。他总是一袭黑衣，面色庄重，目光严肃，有时显得悲切，这般外表和《乌鸦》取得的成功激起了许多女人的兴趣。但弗朗西丝从一开始就与众不同。她的丈夫和弗吉尼娅都不反感他们二人之间日益升温的友谊。而且，弗吉尼娅也接受了她作为朋友，鼓励二人的接触。她的埃迪很幸福，这就够了。第三个女人的出现让一切上升到了一场戏剧性事件，她叫伊丽莎白·埃利特，

---

[1] 亨利·朗费罗（1807—1882），美国诗人。

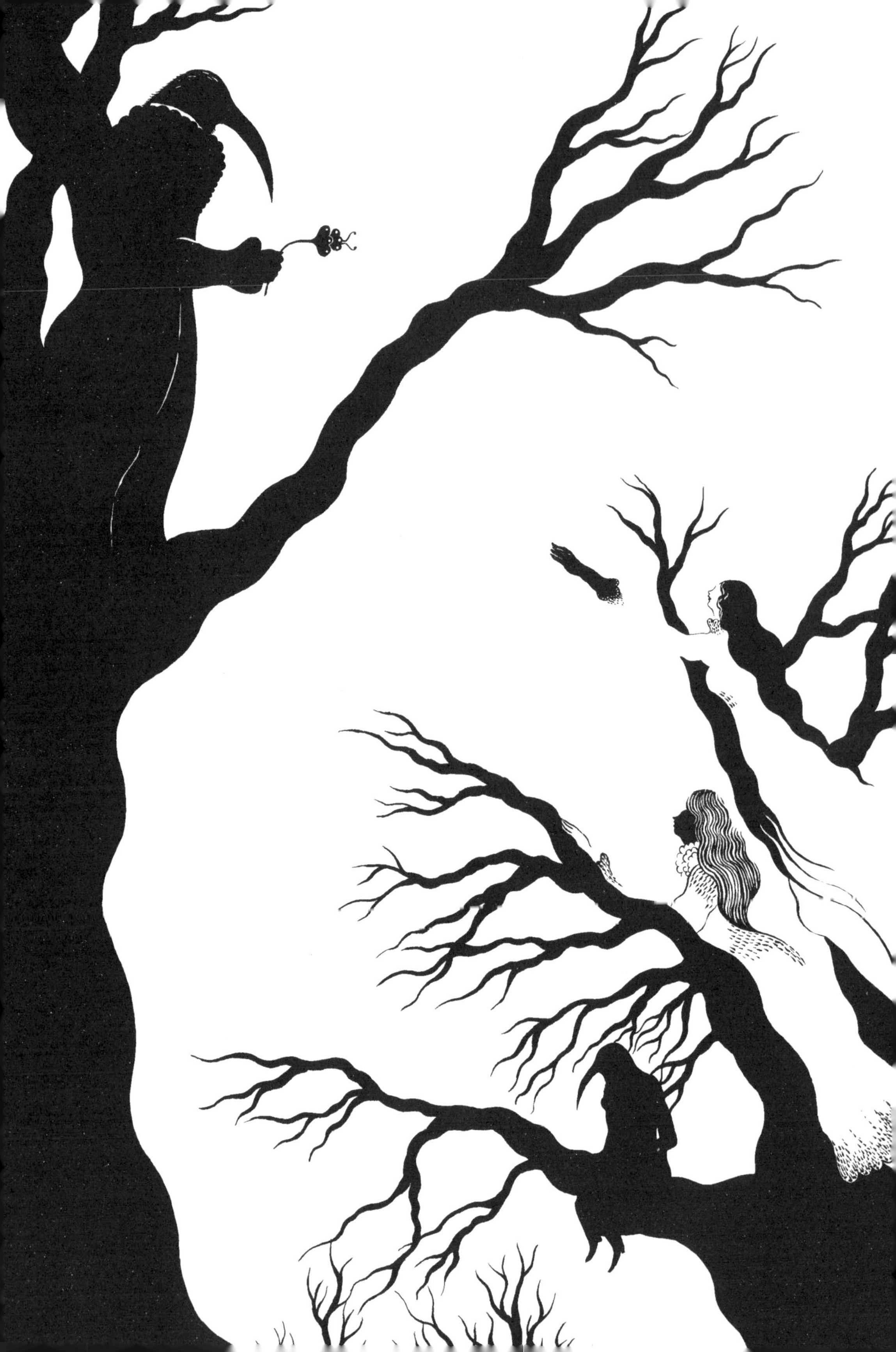

二十七岁，容貌无瑕，同样已婚，是弗吉尼娅的朋友。当埃利特夫人因为埃德加与奥斯古德夫人的关系受到冒犯时，事情变为了一场悲剧。伊丽莎白娇媚迷人，一开始时与弗朗西丝争风吃醋，后来觉得自己遭到了拒绝，便成了她的情敌的道德护卫者，称弗朗西丝为受到坡"引诱"的"受害人"。相互交换和发表在《百老汇杂志》上的信件与诗作超过了极限。对一个哀怨和激情的合唱团而言，三个女人实在太多，尤其是其中一个女人——埃德加的妻子——一直在死亡的门口徘徊。

埃德加注视着最后一期《百老汇杂志》。

出版日期是1846年1月3日。

这一年开年不顺，他的杂志关了门，他仅仅做了这份杂志三个月的唯一所有者，再加上他在许多条战线上的战争。

不顺，非常不顺，尽管他刚刚发表的《瓦尔德马先生病例之真相》取得了成功。

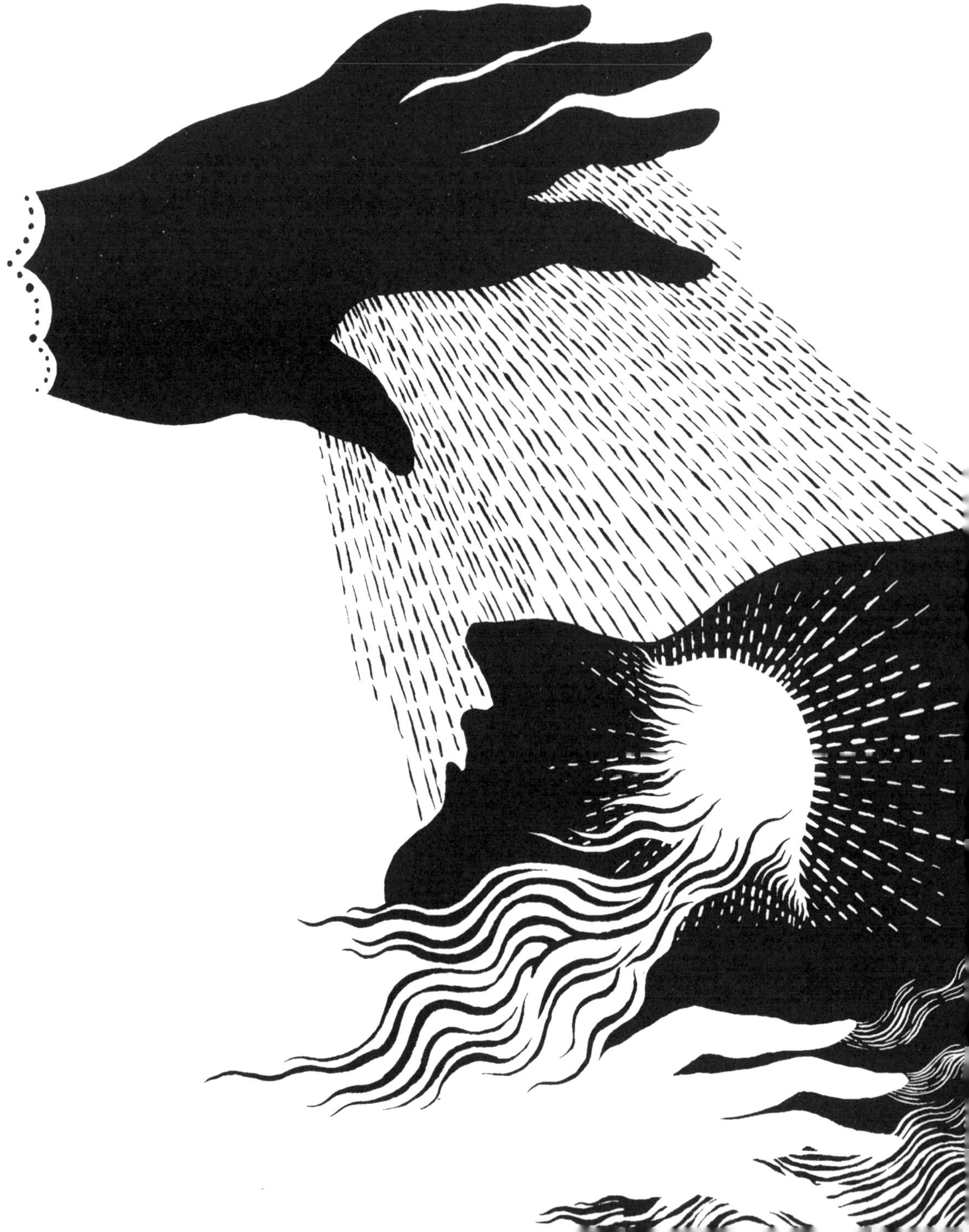

瓦尔德马先生
病例之真相

"瓦尔德马先生,能告诉我们你现在的感觉和希望吗?"他脸颊上突然重新呈现出那两团圆形红斑,舌头开始颤动,更准确地说,是在嘴里激烈翻滚(尽管上下颌与上下唇仍然如前所述那样僵硬)。最后,我已经描述过的那种可怕的声音突然冒出:"看在上帝的分上!快!快让我安睡。不然,快!快唤醒我。快!我告诉你我死了!"

1846年5月

打开家门的时候，托马斯·英格利希撞上了埃德加·爱伦·坡惊惶失色的脸。

"托马斯，拜托了，拜托了，您得帮帮我！有人要杀了我！我需要一把手枪来自卫！我不知道还能找谁求助！……"

"但是……谁要杀您？您在说什么？"

他们进了屋子，关上门，走到房子主人的书房才停下脚步。埃德加冷汗涔涔，目光无法聚焦，紧张地挥动着手臂。

"您知道那两个女人搞出来的小麻烦，弗朗西丝·奥斯古德和伊丽莎白·埃利特……"

"小麻烦？"托马斯看上去在嘲讽他，"全城的人都在谈论那件事，您不可能不知道。埃利特夫人坚称那些被认为出自奥斯古德夫人之手的信是您自己写的。"

"埃利特夫人只是一个被拒绝的女人！她和我调情，嫉妒我和奥斯古德夫人的友谊，现在她摇身一变，成为奥斯古德夫人的荣誉护卫者，企图拯救她。"

"这听起来像一个拙劣的谎言！告诉我，是谁想杀死您？"

"埃利特夫人的一个亲戚！他带着一把手枪四处寻找我！"

"但是，为什么呢？"

"埃利特夫人和其他几位女士来了我家，我家！她们要求我归还弗朗西丝·奥斯古德的所有信件。我的妻子生命垂危，却还要忍受这一切！"他的双手因为突然的一阵怒火而痉挛，"我一气之下只能对她们说，她们应该关心她自己的信件。"

"什么信件？"

"埃利特夫人的信件！现在她的小叔子正在找我，想逼我证明我拥有这些信件，或者逼我承认我只是个说谎者和诽谤者。"

托马斯·英格利希呆若木鸡。

经过了漫长的一秒钟。

"您有埃利特夫人的信件吗？"托马斯问。

"没有！我当时这么说只是因为气昏了头！"

说出这话的时候，埃德加明白了他犯的错，但为时已晚。

无论那些信件是否存在，他透露自己拥有来自一位已婚女士的信件，已经违背了他的绅士准则。现在他明白，托马斯并不完全是他的朋友，而是最终来追究他责任的人。

"那就承认您说谎了。您没有别的选择。我不愿意给您手枪，您有了手枪会错上加错，我也不愿意成为您的同谋。现在我对您充满了深深的蔑视！"

他没有料到托马斯会这么说。

埃德加·爱伦·坡扑到托马斯身上，叫喊着并用拳头打他，两人一起摔倒在地上。

1846年夏

一个人能够承受多少打击而不屈服？一生中能容忍多少丑闻？一路上能避开多少逆境？

"茜茜……"

她用双臂拥抱住他，将自己的身体紧贴在他身上。两人躺在床上，在被单之下稍稍隆起。他妻子的双唇亲吻着他的脖子。仿佛一片羽毛。

埃德加闭上眼睛，抑制不住自己的激动。

"一切都会过去的。总是会过去的。"弗吉尼娅轻声道。

"不，这次不会了。一切都结束了。我完了。"

他完了吗？

新的失败开始于五月，他在《戈迪女士之书》上发表了一系列当时美国主要作家的文学肖像。像往常一样，他急需钱，他的想法是在一个可亲的视角下，有时也在一个有趣的视角下，将一些作家的肖像编织在一起。《戈迪女士之书》的印量是二十万册。

巨大的传播范围。

在一些"被影射的"人看来，也是巨大的挑衅。

他让自己落入了一个燃着蜡烛的火药库里。

"朗费罗之战"结果十分苦涩。"女士之战"成了一场丑闻。"文人之战"则血腥残酷。除了少数几位作家因为被选中而感到高兴，明智地评价了他的文字，其他作家全都向他发起了战争。

他孤身一人。

孤立无援，名声扫地，一蹶不振。

他得到的回应非常冷酷。对他的每一次攻击中都提到他的酗酒，他的疾病和糟糕的身体状况也被用来嘲笑和讽刺。纽约报刊界控告他受雇于费城报刊界，意在损毁纽约作家的声誉。以他为主角的充满恶意的漫画越来越多。

他成了最遭人憎恨的人物。

"我仅仅希望因为我的作品而受到喜爱和尊重……"

"你比他们都强。"弗尼吉娅喃喃道，吻着他的脖子。

"但我没有朋友。没人来我们家……"

"而且你就要死了，茜茜。"他想，因为无能为力而感到痛苦。

九
爱　情

1847年1月30日

玛丽亚·克莱姆开始用一条亚麻床单裹起她女儿的遗体。

"不，还不要。"

她停下来，看向埃德加。

护士玛丽·路易丝·休在过去的几周里带着极大的爱意照料了茜茜，她此时看上去与他同样不知所措。在这两个女人之间诞生了美好的友谊。茜茜送给了玛丽·路易丝她丈夫的肖像，还有弗朗西丝·爱伦从伊丽莎白·阿诺德去世的那个房间里拿走的那幅肖像。那幅画像是埃德加保存的他母亲的唯一遗物，他从不和它分离。

"我忍受不了。"他承认道。

"埃迪，她一定希望你替你们两人一起活下去。"

"我看着她出生，看着她长大，现在看着她死去……"注视着那具娇小的躯体，他的双眼充满了惊恐，那个永远停留在青春岁月的女孩曾是他的妻子。

"你必须克服这一切。"

"我从哪儿能得到这么多力量呢，玛迪？"

女人没有回答。

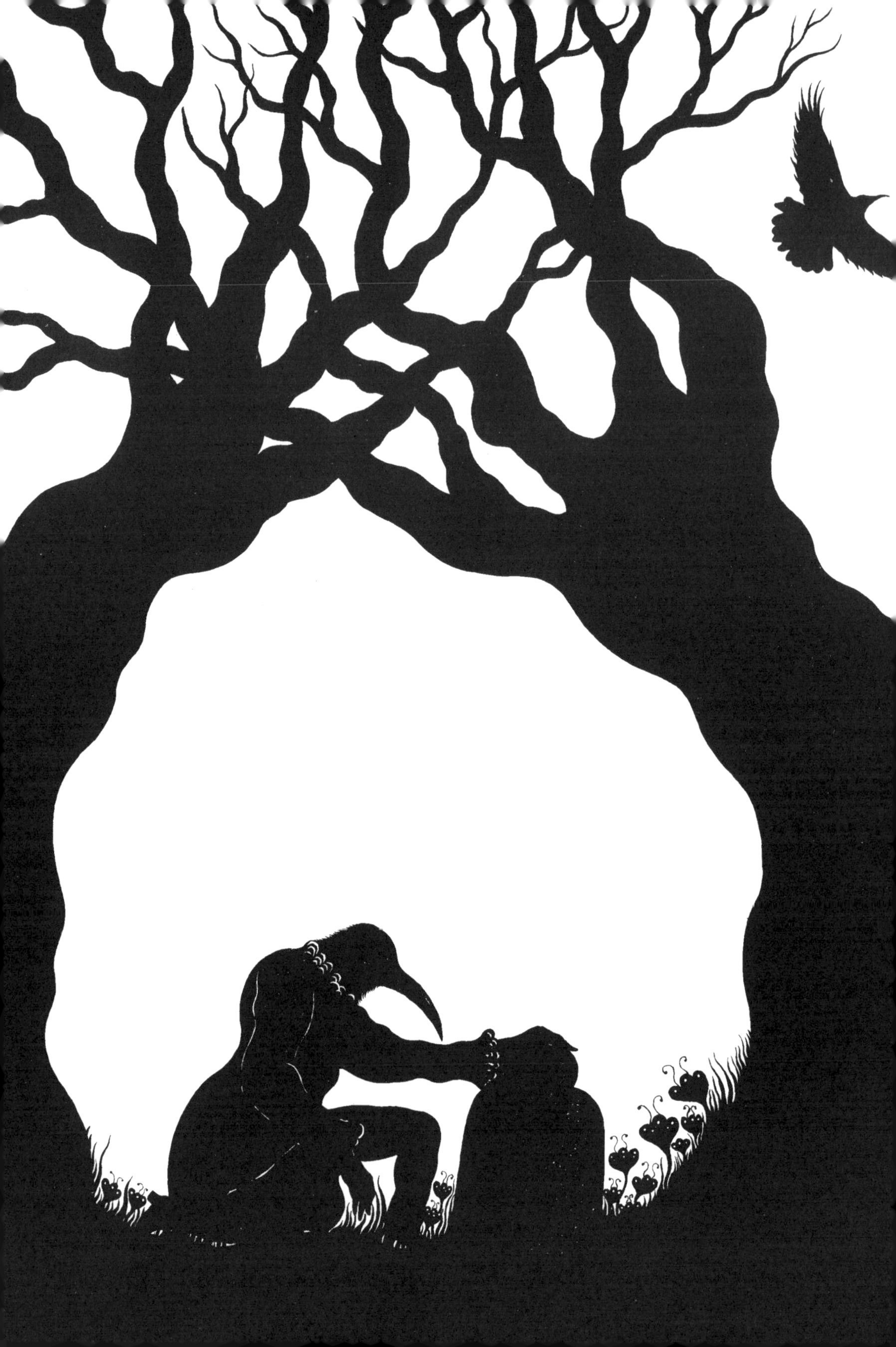

也许这是世界上最蠢的问题。

她继续慢慢地包裹起弗吉尼娅的遗体，直到仅仅露出她纯洁的、像床单一般苍白的面庞。

1848年春

乔治·帕特南注视着来访者刚刚放在他办公室桌上的作品。

"终于。"他感叹道。

"终于。"埃德加说。

将近两年，一段漫长的时间。

"这是我一生中写过的最好的作品。在《我发现了》出版后，牛顿的发现将变得微不足道、毫无意义。您一定得至少出版五万册。"

"您说什么？"

"您知道这部作品对我来说意味着什么。"

"您应该知道，我不能仅仅为了出版一本书抵押掉我的出版社。"

"请看看我，先生。我正处于状态最好的时刻，我克服了我的健康问题，我有着宏大的抱负。在两年内，我期望得到我的文学计划《铁笔》所需的好运。这部作品，"他边说边指着《我发现了》的手稿，"是埃德加·爱伦·坡重振旗鼓的第一步。"

帕特南带着好奇和不安看着他的访客。在他来访之前，帕特南已经对他的名声有所耳闻，无论是好名声还是坏名声，他依然是一位拥有天才之名的杰出作家。

"您真的希望实现您出版杂志的梦想吗？您的上一次演讲不能算成功。"

几天前，他宣布将在纽约社会图书馆举办一场讲座。他期望通过大厅的四百个座位募集四百美元。但由于暴风雪，仅有六十人前来听他的讲座。他谈论的是宇宙起源学。

"运气不好，仅此而已。不会永远这样。"

《我发现了》在等待着。

大约一百四十页。每册七十五美分。

"我会预付给您十四美元,保证有五百册的印量。"帕特南直视着他的眼睛,最终说道,"这就是我能向您承诺的全部,坡先生。"

1848年5月底

玛丽·路易丝·休眼里满含泪水,说道:

"埃德加,我很抱歉。"

"为什么?"

"因为害怕。"

"害怕?"

"害怕你,你的世界,你的执念。我看着你的妻子去世,你记得吗?我照顾过她,我了解她灵魂的每一个角落。"

"可是我爱你。你拯救了我的生命。"

她拯救了他的生命,这唯一一只友谊之手也让他找回了激情。玛丽·路易丝凭直觉猜到他有大脑损伤。不久后,医生证实了这点。经过治疗,他的脉搏恢复了正常。在许多个夜里,如果没有玛丽·路易丝握着他的手,埃德加就无法入睡,无法对抗黑暗,更无法对抗孤独。发烧和谵妄将他推入疯狂的境地。

《我发现了》将在几周内出版,他需要她在他身边。

"我爱你。"

"拜托了,别这样。"她说着,从他身边走开。

"你不能在这个时候离开我。"

"我必须这么做。你会找到别人的。"

"我不想要别人!我需要你!"

也许这才是正确的词。"需要"和"爱"是不同的。

玛丽·路易丝·休离开了他，留他再一次面对他的孤独。

1848年9月

在他认识的所有女诗人中，萨拉·刘易斯是他的最爱。简·洛克则为他写了热情洋溢的牧歌，坚持认为他应该开办讲座，还在家中接待他，他在她家里认识了南茜·里士满，他诗中的安妮[1]。南茜二十八岁，唤起了他心中只属于少年的激情，正如他认识简·斯塔纳德时感受到的那样。

但还有萨拉·惠特曼，她与林奇夫人的圈子对抗，朗读了一首献给他的诗，并发表在《家庭杂志》上。弗朗西丝·奥斯古德身患肺结核，生命垂危，她想警告萨拉·惠特曼当心埃德加对女性施加的影响。至少是对"某些"女性的影响。

他仍然在为《铁笔》寻找订阅者。

科学家们肯定地宣称，《我发现了》是一个怪人的作品，尽管他们没有贬低它的价值和意义。

他几近绝望地需要一个新的茜茜陪在他身边。

一阵完全的眩晕。

"惠特曼夫人……"

"是贵妇，也是寡妇。"一位共同的朋友打断道，"但她对您来说也许年纪太大了，坡。她比您大五岁。"

萨拉·惠特曼为他的未来打开了一扇机会之门。

南茜·里士满，尽管已经结婚，却让他找回了疯狂的激情。

而激情永远会征服他。

---

[1] 南茜·里士满是爱伦·坡的诗歌《献给安妮》中的安妮，爱伦·坡在一封落款日期为1849年3月23日的信中将这首诗寄给了南茜·里士满。

1848年11月16日

信很长，字迹密集，有些凌乱，上面满是画了着重线的句子，它代表着一声呐喊，在他手中颤抖着。他刚刚以一种疯狂的冲动写下了这封信，能超过这冲动程度的只有最近这些天的紧张情绪，这两周完全神志不清的状态。

　　啊，安妮，安妮！我的安妮！在这可怕的半个月里，关于您的埃迪的念头一定折磨着您的心，那些念头是多么残酷啊，这些日子里，您甚至没有收到一封短笺告诉您我还活着，我爱着您。但我知道，安妮，您对我的爱的本质理解得太过深刻，因此一刻也不会怀疑……

他想象南茜·里士满读着这封信，也许还流着泪，渴望飞到他的身边。

　　……只要我认为您了解我的爱，您清楚我爱您，从未有一个男人像这样爱过一个女人……

如果南茜拒绝他……那就如同把他推到萨拉·惠特曼的怀抱中。

　　……我纯洁美丽的天使，我灵魂的伴侣，注定在这尘世中与我相守，也将永远在天国与我相伴……

是时候向她讲述最可怕的那件事了。
他的自杀未遂。

　　……我服下了两盎司阿片酊，没有回旅馆，搭上了一趟回波士顿的火车。抵达后，我给您写了一封信，在信中对您敞开了我的整颗心。是的，对您，对我如此疯狂爱着的人……然后我想起了那神圣的诺言，我们分别时我从您那儿得到的最后一个诺言,您许诺无论境况如何,当我躺在临终的床上时,您都会来到我身边,我恳求您在那时赶来看我……

他服下了一半的阿片酊,在吞下另一半之前来到邮局,那封信却始终没能寄出去。三天后他恢复了意识,回忆的能力,生活的痛苦。

您的心真的那样坚强吗?没有希望吗?没有任何希望吗?

他叹息一声,写完了余下的部分,在信中全心全意恳求她,提议他们一起在韦斯特福德[1]过简朴的生活。丝毫没有提及她的丈夫。信的结尾,他道别的痛苦宛如焰火。

我病得很重——病入膏肓,身体与心灵都已全无希望——以至于我觉得,若是感觉不到那只如此温柔、善良又满含爱意的手抚摸我的额头,我便无法活下去。啊,我纯洁、正直、慷慨、美丽无比的安妮,我的姐妹!您真的不能来吗,哪怕只待短短一个星期?直到我控制住这阵可怕的激动,这阵激动若持续下去,将会摧毁我的生活,或者让我无可救药地陷入疯狂。再见……在此生,也在来世。

如果安妮不来……这便是结局了吗?
这个结局的唯一的救赎是和萨拉·惠特曼结婚?
"啊,南茜!"准备去邮局寄信之前,他叹息道。

---

[1] 美国马萨诸塞州的一座城镇。

1848年12月

萨拉·惠特曼带着贵妇的引人注目的迷人风姿出现在他面前。她身穿一条朴素优雅的连衣裙，与这天的场合相配。

经历了最近的事件后，埃德加一见到她就凭直觉明白将要发生什么。

"我不能这么做，坡先生。我不能。"

他平静地接受了这个消息。激情只适于能点燃他心火的人，而他面前的女人情况并非如此。

"是您母亲横加阻挠。"埃德加低声道，"她要我签署那条不合常理的条约。"

如果他和她女儿结婚，倘若萨拉去世，他必须放弃萨拉的财产。

"不，不是我母亲。是社会压力，那些向我指出我正在犯错的声音，我的朋友们的警告……我曾请您给我一些时间，请您戒掉酗酒的可怕恶习，但最近传到我这里的流言蜚语……"

"我在没有证据的情况下就要受到指责吗？"

"因为您急切又固执，事情发生得太仓促……如今维持现状就是最好的。"她垂下目光，声音变为了一阵低语，"在内心深处，我认为您也并不想做我的丈夫。"

"这不是真的。"

"您需要爱和被爱，坡先生。您绝望地需要爱和被爱，为了活下去，为了感觉到自己是某样东西的一部分。自从您妻子过世后，人们就说，您看上去像一个寻找岛屿的海难幸存者。一个与现实不符的梦想。"

"请您回答我仅仅一个问题，我向您保证我会离开，绝不会责备您。"

萨拉再一次用疲惫的双眼看着他。她看上去就像即将昏厥过去。她手中握着一条手帕，用来擦干眼泪。

"您爱我吗？"埃德加想知道。

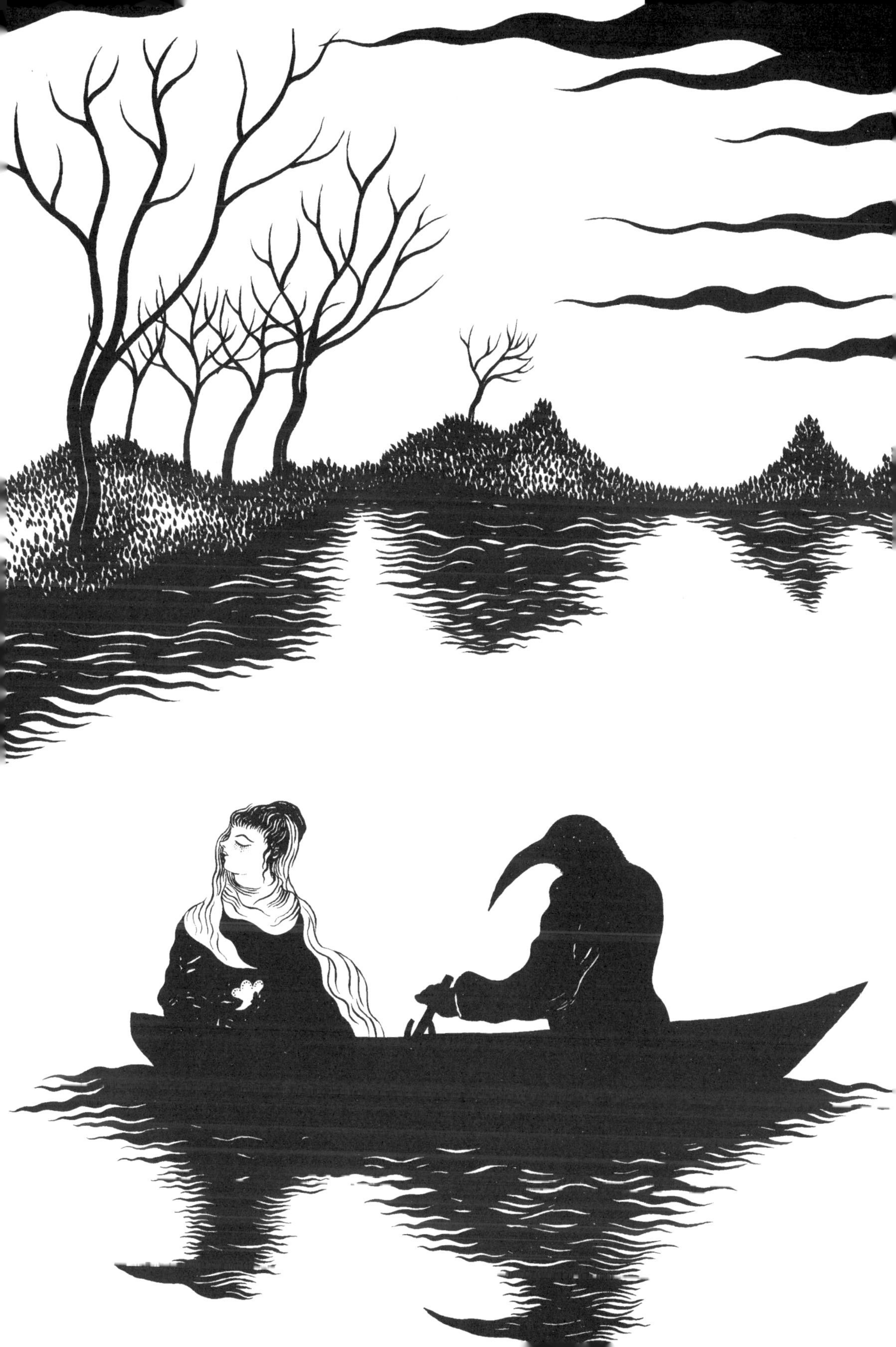

1849年6月29日

玛丽亚·克莱姆向她垂死的女儿保证过会照顾埃德加，永远不留他独自一人。突然之间，要看着他离开，她悲伤万分。她心中有千百个问题：他会好好的吗？他会喝酒吗？他会再次尝试自杀吗？此前没有迹象预示过他会自杀，然而……

"我会好好的，玛迪。放心吧。"他边说边拥抱她。

出现了一个奇迹，这个奇迹的创造者是爱德华·诺顿。诺顿是个名不见经传的年轻人，是奥阔卡的一家周刊和一大笔遗产的继承人。他给埃德加写信，表达了他的钦佩之情，向他保证说他决定资助《铁笔》。奥阔卡这座城市位于密西西比河岸，属于伊利诺伊州，又小又不为人知。埃德加回复说，他在三个月里就能拥有上千名订阅者，印量将会达到两万册。

《铁笔》将得见天日。

他准备做一次长途旅行，但要先经过几座城市：费城，里士满，巴尔的摩……

玛丽亚·克莱姆甚至不知道他为何要途经这些城市。诺顿寄给他的五十美元旅费无法容许太多的玩乐。

"看在上帝的分上，埃迪……"

她紧紧地拥抱住他，深情地亲吻了他的脸颊。

"我会好好的。"他再次保证道，"会很好。我会尽可能经常给你写信。请你向我亲爱的安妮谈起这些信。我需要她了解我的消息。"

目送着他离家远去，玛丽亚有了一种怪异的预感。

在她脚边，卡特丽娜看见主人离开，发出悲伤的喵喵声。

1849年8月

那个美妙而纯真的夏天，他们成为一对年少的恋人，已经是二十六年前的事了。二十六年没再见过面。

但年龄没有让他们改变多少，至少在彼此的眼里。

如今寡居的埃尔米拉·罗伊斯特再一次与埃德加·爱伦·坡一同展露笑颜。突然之间，对他来说出现了一个新的机会。

"现在我明白了，为什么霍乱让我滞留在费城，为什么我一定要途经里士满。"他说道。

"为什么？"

"我真心地认为，我们应该兑现在1825年许下的那个承诺。"

"承诺……？"

"结婚。"

一开始，她再次笑起来，接着，她看见埃德加严肃的面容，明白了他的话是认真的。

"结婚？"她犹豫道。

"难道您要告诉我说，岁月已经让您忘记了我们当初如何相爱的吗？"

也许生活会熟练地闭合上他留下的开口的圈，一点一点，一步一步，用一生来使之完结。的确，在费城时，霍乱使他身体衰弱，还发生了那个让他被关进莫亚门兴监狱的可悲插曲，当时他被怀疑意图兑现一张假支票。幸运的是市长认出了他，避免了发生更糟的事。他甚至无需支付罚款。

可以肯定的是，这场事件的根源又是酗酒。现在，因为埃尔米拉，也许他的梦魇将要结束。一方面，他刚刚向禁酒之子兄弟会[1]宣过誓，开始戒酒。另一方面，在与诺顿的书信往来中，他们计划了《铁笔》的面世。他有半年时间。

去里士满见埃尔米拉是……上天的启示。

时间一秒一秒地缓慢流逝着。

"我可以考虑考虑吗？"她最终问。

---

[1] 原文 Hijos de la Temperancia，英文 Sons of Temperance，美国19世纪禁酒运动时期兴起的兄弟会，1842年成立于纽约，提倡禁酒运动和相互支持。

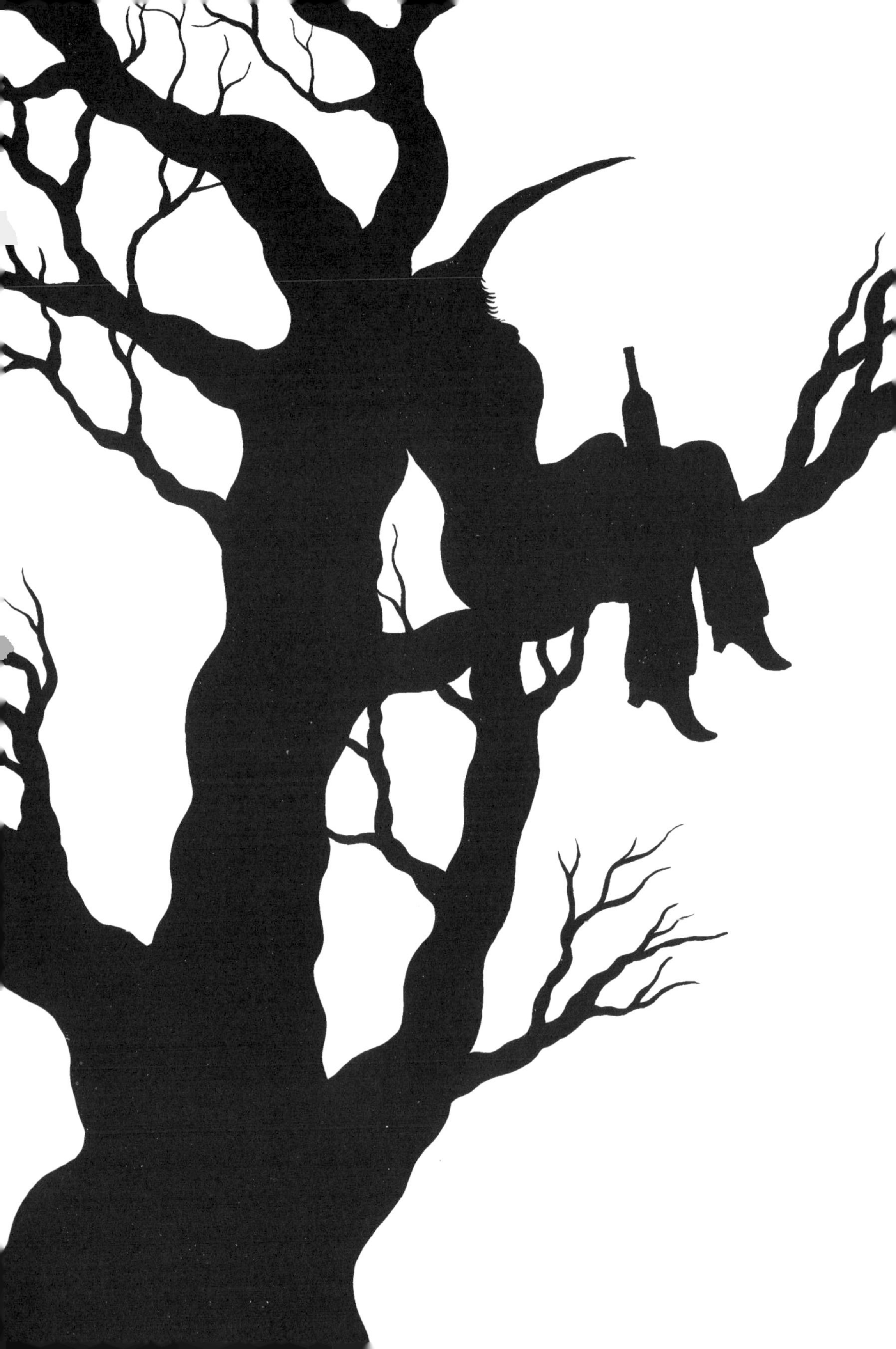

"我担心考虑一项爱的提议表明了不够爱。"他回应道。

"那么我会对您说我愿意,但我们需要花些时间准备好一切。"

"啊,埃尔米拉,我的埃尔米拉……!您不会后悔的。"埃德加被激情攫住,高声呼喊道,"我得去办几场讲座,但我会尽快回到纽约,当您决定了,我们就结婚!"

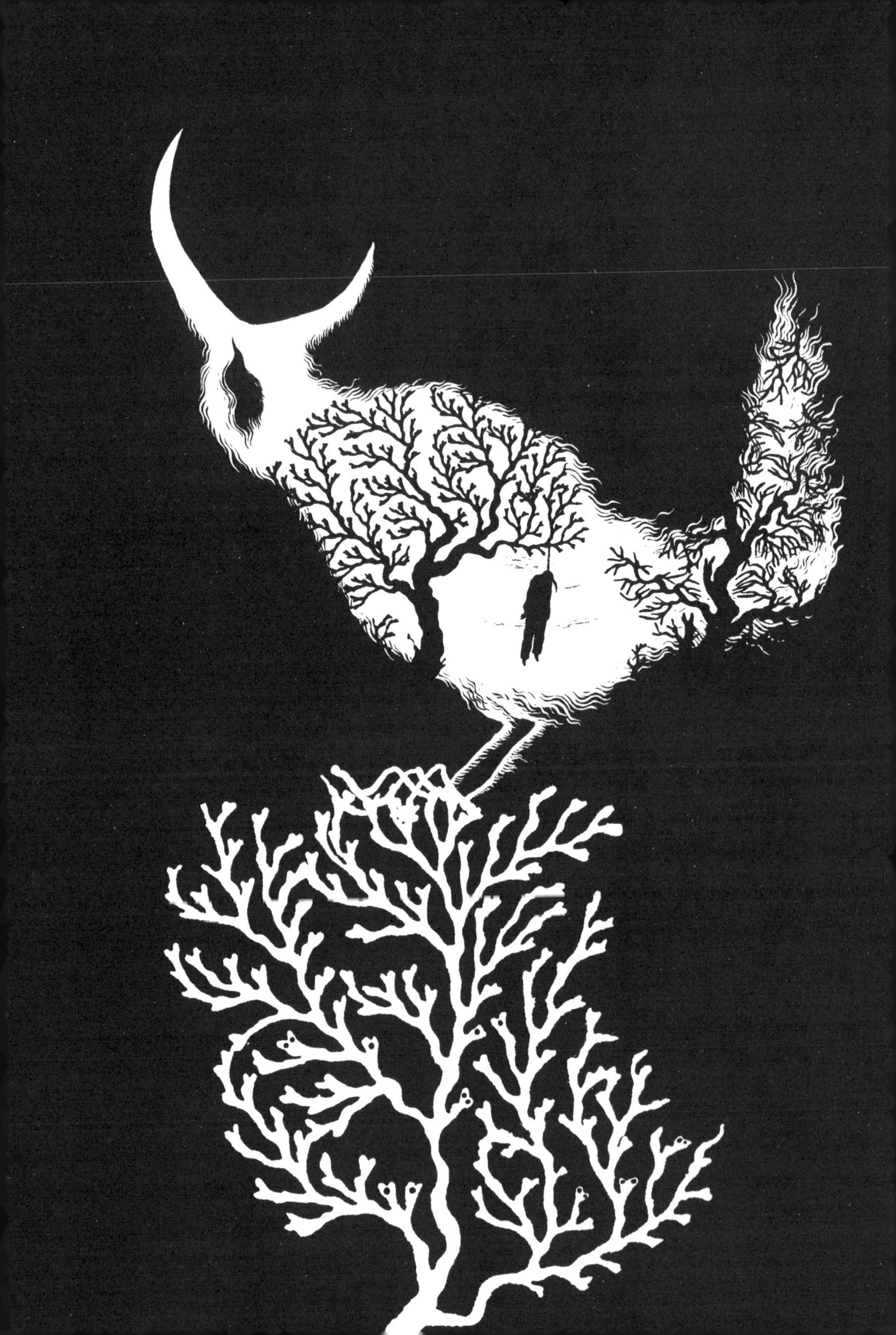

尾 声

那乌鸦并没飞走,它仍然栖息,仍然栖息
在房门上方那苍白的帕拉斯半身雕像上面;
它的眼光与正在做梦的魔鬼的眼光一模一样,
照在它身上的灯光把它的阴影投射在地板;
而我的灵魂,会从那团在地板上漂浮的阴影中
解脱么——永不复焉!

——《乌鸦》最后一节

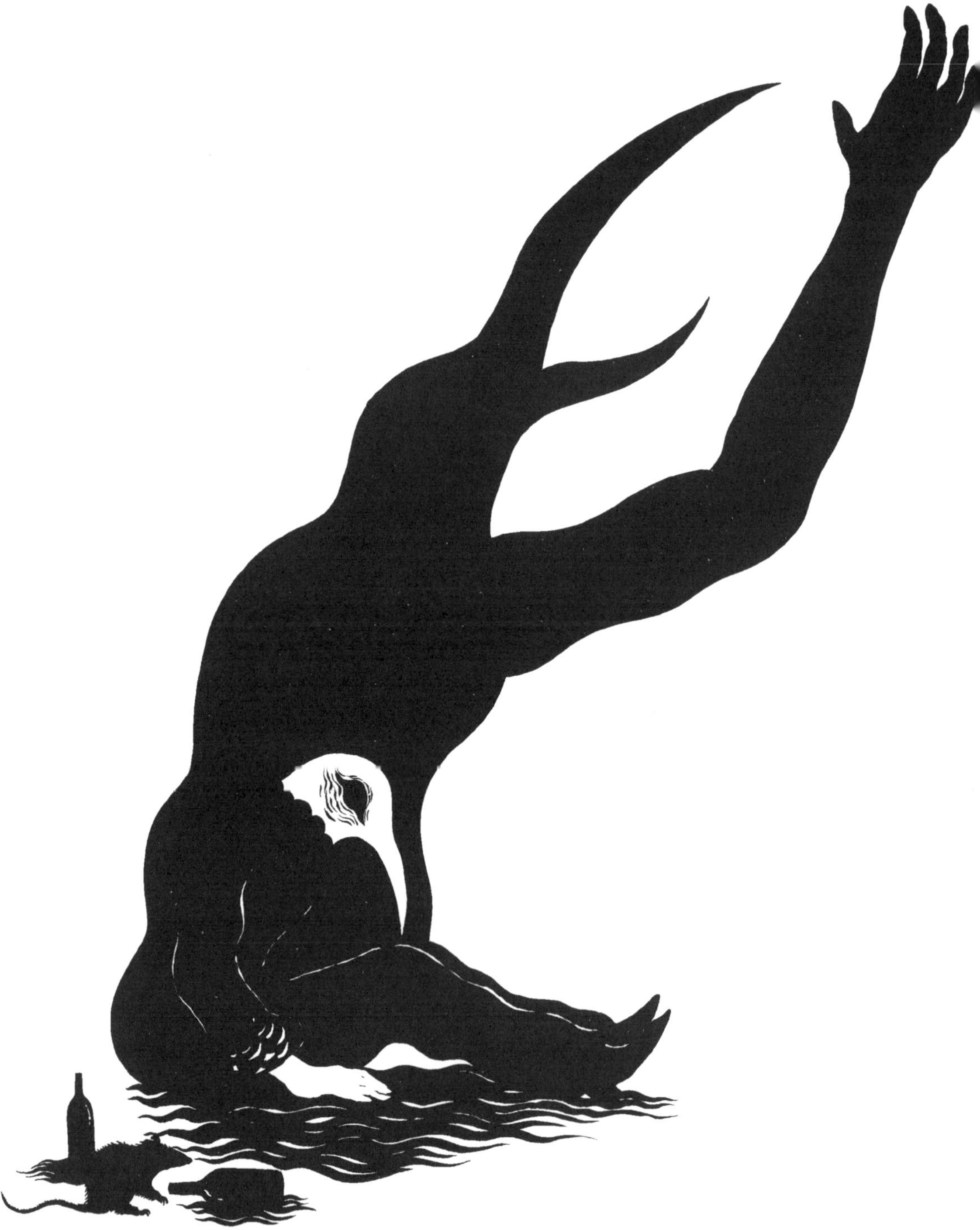

十
巴尔的摩

1849年10月3日

约瑟夫·沃克是《巴尔的摩太阳报》的印刷工人，这天他想要早些回家。

这天有国会和马里兰州议会的选举活动。"选举"一词总是能激起人们的疯狂。在一座港口城市，有那么多匿名者、过客和旅人，在充满了政治竞争的环境中，做什么都可以不受惩罚。正派的人在选民团中投票，一帮又一帮的选举代理人则专注于灌醉独行者和陌生人，意图尽可能地拉他们去多次投票，这是受到腐败的法官们保护的惯常行为，法官把这些人登记为当地选民。然后，代理人会把他们关起来，到了晚上，他们会把这些人揍一顿，直到这些人意识模糊、烂醉不醒，把他们扔到某条巷子里。

因此，这天不是在街上闲逛的好日子。这一年的暴力程度超过了过去的几年，大群大群的代理人在任何一个街角寻找着受害者。

约瑟夫·沃克知道这点。当他看见一个男人的躯体时，便准备离得远远的。又一个受害者。

这个男人倒在高街的人行道上，靠近共和党在第四区的投票点，身上的衣服又脏又破。他看上去不像一个值得尊敬的人，只像一个乞丐或一个因为醉酒而神志不清的酒鬼。

然而他的脸……

印刷工人朝他靠近，想要确认是他。

当他认出他时，惊讶得溢于言表。

"是埃德加·爱伦·坡！"

"库斯和中士"酒馆中的气氛与往常不同。没人唱歌，人人都安静地喝酒，当斯诺德格拉斯医生为这个躺倒在桌上失去意识的男人做检查时，四周弥漫着某种焦躁的情绪。

有人在低声议论。

"这是谁？"

"一位作家。"

"他叫什么名字？"

"坡。埃德加·爱伦·坡。"

"我从来没有听说过他。"

"我听说过。"

人们看向这位见多识广之士。

"他写了那首诗，《乌鸦》。"

"一首诗？你们不是说他是作家吗？"

斯诺德格拉斯医生结束了听诊。他的脸色表明了事情的严重性。

"必须立刻送他去医院。"他垂下肩膀，断言道，"即便如此，我认为这一次对他来说为时已晚了。"

后 记

没人知道1849年10月3日之前的几天里，埃德加·爱伦·坡发生了什么事。他在费城登船，在切萨皮克湾中航行了一天半时间，抵达巴尔的摩，他本打算在那里登上前往纽约的火车。但巴尔的摩成了他的最后一站。在四天的谵妄后，他孤独地死去了，玛丽亚·克莱姆不在他身边，他近来交往的女人们没有一个在他身边，他爱着他的安妮，也准备和他曾经的初恋女友结婚。

直到很久之后，他才被认为是短篇小说大师、心理小说和恐怖小说之父、侦探小说和科幻小说的先行者、哥特小说的革新者和美国文学的先驱，人们才向他致敬，承认他的成就。随后，他的形象得到了今天为人所知的普遍地位，影响了卡夫卡、洛夫克拉夫特、博尔赫斯和雷·布拉德伯里等大作家。

热情，崇高，戏剧性，天才，独特，激进，自负，反传统，他给我们留下了71篇短篇小说，855篇不同署名的报刊文章，以他的杰作《乌鸦》为代表的大量诗歌，还有以《我发现了》为代表的数篇散文。在他的生活不缺大量的通信，这有助于重构他的一生。因此我要强调，我在书中使用的书信片段都是真实的。

小时候，我也是他的读者，《金甲虫》大概影响了我最初的许多文学创作尝试。

我要感谢亚历杭德罗·加西亚·施内策尔，这个项目的精神之父，也要感谢费尔南多·迭戈·加西亚,在2007年10月26日,我和他们分享了这部作品的开头。

霍尔迪·谢拉·伊·法布拉

2008年2月于巴塞罗那